GERAÇÃO DO REINO

LEVANTANDO CRIANÇAS SOBRENATURAIS

LUCAS & JACKELINE HAYASHI
SARAH HAYASHI
PREFÁCIO POR TEÓFILO HAYASHI

GERAÇÃO DO REINO

LEVANTANDO CRIANÇAS SOBRENATURAIS

quatro ventos

quatro ventos

Editora Quatro Ventos
Rua Liberato Carvalho Leite, 86
(11) 3746-8984
(11) 3746-9700

Editor Responsável: Renan Menezes
Equipe Editorial:
Sarah Lucchini
Nilda Nunes
Diagramação: David Chaves
Capa: Big Wave Media

Todos os direitos deste livro são reservados pela Editora Quatro Ventos.

Proibida a reprodução por quaisquer meios, salvo em breves citações, com indicação da fonte.

Todas as citações bíblicas e de terceiros foram adaptadas segundo o Acordo Ortográfico da Língua Portuguesa, assinado em 1990, em vigor desde janeiro de 2009.

Todas as citações bíblicas foram extraídas da Almeida Revista e Atualizada (ARA), salvo indicação em contrário.

Bíblia Sagrada. Traduzida em português por João Ferreira de Almeida. Revista e Atualizada. Citações extraídas do *site*: http://www.sbb.org.br/conteudo-interativo/pesquisa-da-biblia/. Acesso em 2 e 3 de abril de 2018.

1ª Edição: Maio 2018
2ª Edição: Maio 2019

Ficha catalográfica elaborada por Geyse Maria Almeida Costa de Carvalho – CRB 11/973

H412g Hayashi, Lucas

Geração do reino: levantando crianças sobrenaturais / Lucas Hayashi; Jackeline Hayashi; Sarah Hayashi. - São Paulo: Quatro Ventos, 2019.
256 p.

ISBN: 978-85-54167-14-1

Religião. 2. Desenvolvimento espiritual.
3. Doutrina cristã. I. Hayashi, Jackeline.
II. Hayashi, Sarah. III. Titulo.

CDD 232
CDU 2-42

SUMÁRIO

CAPÍTULO 1: IMPORTÂNCIA E PROPÓSITO DO MOVER PROFÉTICO E DO PODER SOBRENATURAL PARA AS CRIANÇAS 19

CAPÍTULO 2: CONHECENDO E ENTENDENDO A TRINDADE DIVINA 37

CAPÍTULO 3: COMO APRESENTAR DEUS PARA AS CRIANÇAS 45

CAPÍTULO 4: O PONTO DE PARTIDA: O NOVO NASCIMENTO 69

CAPÍTULO 5: OS DONS DO ESPÍRITO 85

CAPÍTULO 6: O BATISMO NO ESPÍRITO SANTO 101

CAPÍTULO 7: DESENVOLVENDO O CARÁTER DE CRISTO 115

CAPÍTULO 8: OUVINDO A VOZ DE DEUS 129

CAPÍTULO 9: EXPRESSANDO A MENTE E O CORAÇÃO DE DEUS 157

CAPÍTULO 10: OS PROPÓSITOS DA PROFECIA 183

CAPÍTULO 11: EXPERIÊNCIAS SOBRENATURAIS COM O ESPÍRITO SANTO 195

CAPÍTULO 12: INICIANDO E IMPLEMENTANDO O MOVER PROFÉTICO E SOBRENATURAL NA IGREJA 223

CAPÍTULO 13: PREVENINDO FRUSTRAÇÕES E DANOS 241

CONSIDERAÇÕES FINAIS 251

ENDOSSO

O livro *Geração do Reino* é uma ferramenta muito necessária para ajudar pais, educadores cristãos e demais pessoas que lidam com crianças na tarefa maravilhosa de levar cada uma delas a desenvolver sua própria identidade sobrenatural com Deus. Famílias, ministérios infantis e escolas cristãs deveriam ter como prioridade capacitar as crianças, ensinando-as a ouvir Deus, ter uma amizade íntima com Ele e serem cheias do Espírito Santo e de Seus dons.

O leitor experimentará o grande Deus de maneira sobrenatural durante a leitura desta obra, e isso se derramará na vida de cada criança com que tiver contato, e isso mudará a forma como ambos O amam.

SHAWN BOLZ
www.bolzministries.com
Autor do Podcast Exploring the Prophetic
Autor dos livros *Traduzindo Deus*, *Os segredos de Deus* e *Chaves para a economia do céu*

O livro *Geração do Reino* é um recurso poderoso que todos os pais ou voluntários do ministério infantil devem ter em mãos. Nossos filhos não têm o Espírito Santo Júnior. Eu, pessoalmente, testemunhei crianças serem cheias do Espírito Santo, curarem enfermos, profetizarem, mudarem as coisas em oração e fazerem parceria com o céu para o sobrenatural. Elas são capazes de uma caminhada profunda e poderosa com Cristo. Deus quer encontrar seus filhos de uma maneira muito real e especial, sejam eles adultos ou crianças.

Este livro oferece ferramentas práticas, histórias poderosas e transferência de fé para você! Como pastora, autora e mãe que trabalha com crianças há mais de dezessete anos, não posso deixar de recomendar este livro com muita ênfase. Estar apto a investir na vida espiritual do seu filho é o maior presente que você pode dar a ele.

JENNIFER TOLEDO
Pastora sênior da Expression 58 Church,
em Los Angeles, CA
Autora dos Livros *Crianças e o sobrenatural* e
Olhos que veem e ouvidos que ouvem: Um guia dos pais para ensinar seus filhos a ouvirem a voz de Deus

As crianças ocupam um lugar de destaque na Bíblia. Diversas passagens bíblicas contêm mandamentos e orientações de proteção aos 'pequeninos'. Mas também há a descrição bíblica de ações proféticas protagonizadas por crianças: o menino Joás, a serva de Naamã e, claro, o menino Jesus.

O livro *Geração do Reino* propõe-nos restaurar o cuidado e a mentoria espiritual das crianças, especialmente orientando-as na busca cotidiana de uma vida cristã sincera e verdadeira.

As obras na vida do pastor Lucas Hayashi antecedem e anunciam seu grande chamado profético.

Despertai, ó portas!

Dr. Guilherme Schelb
Procurador da República, mestre em Direito Constitucional e especialista em Segurança Pública.

DEDICATÓRIA

Dedico este livro aos futuros profetas e proféticos que, como reis e sacerdotes, ecoarão por toda a Terra a voz que anuncia a mente e o coração do nosso Deus todo-poderoso, e reinarão com Cristo para sempre.

Sarah Hayashi

A todos os nossos voluntários da Geração 5.2. Sem vocês, não teríamos tantos testemunhos para contar nessas páginas nem conseguiríamos fazer tudo acontecer. É por causa do sim de vocês que Deus pode agir na vida de tantas crianças e famílias. O que estão construindo hoje muitos colherão no futuro.

Aos nossos filhos Matheus e Bianca, que têm sido compreensivos e entendido que precisamos estar ausentes algumas vezes, para cumprir o nosso chamado. Vocês são especiais e sem vocês não seríamos uma família feliz. Nós os amamos demais. Sabemos que voarão alto e estamos preparando o teto onde vocês pisarão.

Lucas & Jackeline Hayashi

AGRADECIMENTOS

Agradeço em primeiro lugar ao nosso Deus triúno, Criador dos céus, da Terra e de tudo o que neles há. Tudo vem d'Ele, é por Ele e para Ele! Em Sua fidelidade, Ele nos leva de nuvem em nuvem, de chuva em chuva e de revelações em revelações sobre Suas riquezas infindáveis!

Em segundo lugar, agradeço a todos os meus líderes, professores e mentores. Muitos deles já estão na glória eterna, voltaram para casa.

Sarah Hayashi

Somos imensamente gratos a Deus por nos dar a vida, este chamado e a oportunidade de escrever este livro. Ele é nossa fonte, refúgio e fortaleza. Somos gratos pelo amor que Ele tem depositado em nosso coração e pela responsabilidade e legado confiados a nós. A Ele toda a glória!

Agradecemos aos nossos pais, que nos ensinaram o caminho em que deveríamos andar. Obrigado por todo apoio e suporte que sempre nos deram e continuam dando.

Lucas & Jackeline Hayashi

PREFÁCIO

O mundo aguarda com grande expectativa a manifestação dos filhos de Deus.

Todo cristão é chamado para ser a expressão e a voz de Deus aqui na Terra, inclusive as crianças. A presença manifesta de Deus na vida delas e por intermédio delas já está acontecendo e pode se intensificar mais, basta que pais, líderes, pastores e voluntários do ministério infantil sejam intencionais ao lhes apresentar Deus de forma prática e real, e ensinar, além da Palavra de Deus, o poder sobrenatural e o mover profético.

Este livro ensina de forma prática como cada criança pode ter uma experiência verdadeira e real com Deus e Seu poder sobrenatural, a partir de um relacionamento profundo e diário com Ele, mas também dando passos de fé e ousadia.

Cada criança deve ser discipulada para ser como nosso mestre Jesus, realizando sinais, maravilhas, curas, se movendo no profético com palavras de conhecimento, sabedoria, profecia e os demais dons do Espírito, enquanto desenvolvem também o caráter de Cristo por meio de um caminhar diário com o Espírito Santo.

Como sempre dizemos: "Não existe Espírito Santo Júnior". O mesmo Espírito pelo qual Jesus operava o sobrenatural, foi o mesmo que encheu a vida dos apóstolos, e é o mesmo que vive em nós e também está disponível a cada criança.

Essas páginas, por um lado, trazem conforto, pois nos fazem enxergar de forma mais clara como a transformação na sociedade pode vir por intermédio do mover profético e sobrenatural, inclusive nas crianças. Por outro lado, elas confrontam o espírito de religiosidade de uma vida cristã medíocre e superficial, bem como afrontam a metodologia de ensino para crianças baseada apenas no contar histórias a respeito de Deus, sem a experiência sobrenatural com Ele.

Por meio de testemunhos das ações sobrenaturais de Deus no ministério infantil da Igreja Monte Sião, esta obra tem por objetivo semear de forma profética na vida de pais, educadores e voluntários, para que aconteça em cada casa, igreja e comunidade cristã o mesmo agir de Deus que temos experimentado.

O meu desejo é que cada pai, mãe e pessoas que ministram às crianças tenham este livro na cabeceira de sua cama. Aliás, mesmo quem não trabalha com crianças, mas tem fome de ser igual a Jesus e estabelecer o Reino de Deus aqui na Terra, deveria ler este livro para entender o que Jesus quis dizer ao afirmar, referente às crianças: "delas é o Reino dos céus".

Teófilo Hayashi
Líder Sênior da Igreja Monte Sião, fundador do Dunamis Movement e autor dos livros *Next Level* e *Nuvem de Glória*.

CAPÍTULO I

IMPORTÂNCIA E PROPÓSITO DO MOVER PROFÉTICO E DO PODER SOBRENATURAL PARA AS CRIANÇAS

LUCAS HAYASHI

UM GRANDE DESAFIO

Um dos grandes desafios que muitos pais e igrejas enfrentam é fazer que jovens criados sob os princípios da Palavra de Deus, que cresceram participando ativamente de uma igreja local e da escola bíblica na infância permaneçam firmes, constantes e frutificando da juventude até o final da vida. Não é raro crianças que cresceram na escola bíblica e frequentaram a igreja com seus pais domingo após domingo se desviarem dos caminhos de Deus, tornando-se adolescentes e jovens distanciados do Senhor, deslumbrados com os inúmeros fatores de sedução deste mundo. Certamente você conhece pessoas que passaram ou passam por essas experiências.

A pergunta que me vem à mente é: Como podemos evitar isso? Como essas crianças, mesmo enquanto estão crescendo, podem permanecer firmes nos caminhos de Deus sem serem influenciados pelos padrões deste mundo? Como é possível que elas se tornem influenciadoras em vez de serem influenciadas por esta sociedade corrompida e tenebrosa? Cremos que uma das respostas seja: tendo uma experiência verdadeira com o poder sobrenatural e o mover profético.

É muito comum, em diversas igrejas, que o ministério infantil seja um lugar onde os pais possam deixar suas crianças, a fim de elas não atrapalharem o pastor enquanto ele prega, deixarem os pais "livres" para poderem participar atentamente do culto e permitir que todos os presentes fiquem à vontade para louvar a Deus e adorá-lO, recebendo tudo o que Ele tem para lhes entregar. O ministério infantil da igreja se torna, então, uma espécie de "creche evangélica", enquanto os voluntários passam a ser as "babás gospel". Muitas vezes, o ministério de crianças é encarado também como um centro de "entretenimento gospel", onde os voluntários são tidos como recreadores evangélicos que distraem as crianças, proporcionando a elas momentos de boa diversão e, assim, queiram voltar à igreja no próximo domingo. Nesses casos, as crianças ouvem histórias bíblicas, pintam desenhos referentes à história que acabaram de ouvir e voltam para casa com o conhecimento de mais um acontecimento narrado nas

Escrituras. Isso não é de tudo ruim, mas está longe de ser algo excelente para nossas crianças. Talvez, por mais triste que isso possa soar, seja este o motivo pelo qual essas crianças, ao crescerem e se tornarem adolescentes e jovens, se desviam de Deus, porque ouviram uma história a respeito d'Ele, mas não viveram nem experimentaram uma história pessoal e real com Deus. Será que elas realmente experimentaram Deus no ministério infantil? Ou ainda: Será que levar as crianças a terem uma experiência profunda e real com Deus tem sido o objetivo do ministério infantil de nossas igrejas?

Precisamos urgentemente entender que uma coisa é conhecer histórias bíblicas e outra conhecer o Autor da Bíblia. É importante tomar conhecimento das histórias que a Palavra de Deus conta, mas é imprescindível conhecer o Deus revelado em cada uma dessas histórias. Muitas crianças conhecem a Deus de ouvir falar, mas queremos que todas O conheçam por terem uma experiência pessoal com Ele e Seu poder sobrenatural. A Bíblia nos ensina que a letra mata, mas o Espírito vivifica. Isso significa que, se ensinarmos apenas a teoria, contando-lhes histórias bíblicas sem a revelação prática do Espírito Santo e sem uma experiência com Seu poder sobrenatural, corremos o sério risco de levá-las apenas a um conhecimento religioso e não a uma vivência e experiência real com o Deus Trino.

CONHECER *VERSUS* EXPERIMENTAR

Existe uma grande diferença entre ter o conhecimento teórico de Deus e experimentá-lO. Lembro-me de quando nosso filho Matheus tinha 4 anos e o levamos a uma churrascaria. Ao comer um pedaço de picanha, Matheus ficou maravilhado, pois nunca tinha experimentado uma carne tão boa, saborosa, macia e suculenta como aquela. Depois daquela experiência, ele ficou apaixonado por picanha, o que o levou a só querer comer aquela carne durante todo o tempo em que permanecemos na churrascaria. Quando um garçom lhe oferecia outro tipo de carne, ele se negava a aceitar, mantendo-se fiel à picanha. Em determinado momento, outro garçom passou e lhe ofereceu alcatra. Então, eu disse: "Matheus, experimente a alcatra, é uma carne muito boa!". E ele respondeu: "Não, eu não quero! Eu quero picanha!". Essa cena se repetiu todas as vezes que um garçom passava oferecendo outro tipo de carne que não a picanha. Ao final, lhe perguntei: "Como você pode dizer que não gosta das outras carnes sem sequer tê-las experimentado?". Naquele momento, Deus começou a falar comigo e eu entendi. Quando as crianças têm uma experiência real com a presença de Deus e experimentam o Seu poder sobrenatural desde pequenas, chegarão na adolescência e juventude firmadas em Cristo, de forma que será muito mais difícil desejarem experimentar qualquer coisa fora da presença de Deus, porque nada será melhor do que aquilo. Quando forem tentadas com pornografia, drogas, bebidas e festas, não desejarão experimentar nenhuma dessas coisas, porque já experimentaram a presença de Deus de forma tão poderosa e sobrenatural, que será muito mais difícil serem seduzidas pelas coisas deste mundo. Nada será tão bom e elas sabem disso. Assim, devemos possibilitar que nossas crianças tenham experiências reais e sobrenaturais com o nosso Deus e não apenas contar histórias e apresentá-lO de uma forma, muitas vezes, superficial e teórica.

Lemos em Salmos 16.11 que na presença de Deus há plenitude de alegria, e em Sua destra há prazer eterno. A alegria gerada a partir do encontro com Espírito Santo é sobrenatural e tão intensa que se torna impossível negar quando O experimentamos e conhecemos de verdade. O Reino de Deus é paz, justiça e alegria no Espírito Santo (Romanos 14.17). Umas das maiores buscas do ser humano é pela alegria. As decisões que tomamos na vida são baseadas naquilo que nos proporcionará maior alegria, satisfação e prazer. Por exemplo, geralmente decidimos o local onde passaremos as férias, com base nas opções que nos proporcionarão maior alegria, diversão e prazer. Da mesma forma, para os amantes da gastronomia, a escolha por um restaurante terá como base o ambiente que trará mais prazer, tanto pelo espaço, como pelo preparo e o sabor dos pratos servidos. O ser humano sempre fundamenta suas escolhas nas opções que o farão mais feliz e lhe darão maior prazer. Portanto, é importante que as crianças tenham um encontro pessoal com Deus e o Seu Reino, desse modo, experimentarão a verdadeira alegria que não depende de pessoas ou circunstâncias externas, e sim do relacionamento com o Espírito Santo. Isso é o que as fará permanecer andando com o Espírito Santo, e quando elas permanecem assim não satisfarão às concupiscências da carne, antes, produzirão o fruto do Espírito, que é também alegria, como registrado em Gálatas 5.19-25.

RELACIONAMENTO COM DEUS

Quando a criança tem uma experiência pessoal com Deus Pai, Deus Filho e Deus Espírito Santo, ela experimenta a Sua bondade, cuidado, bom humor, provisão e demais características inerentes a Ele. Quem não se apaixonará por um Deus maravilhoso, que se preocupa conosco de forma individual e customizada?

Igualmente, quando têm uma experiência com Jesus e a revelação de Seu sofrimento e morte na cruz, as crianças passam a amá-lO profundamente e também se sentem completamente amadas por Ele. Ao conhecerem o Espírito Santo, o Seu toque, poder sobrenatural, criatividade e suavidade, inclusive sentindo Sua manifestação no corpo físico com calor, eletricidade e outros sinais sobrenaturais, é impossível não ficarem impressionadas com Sua presença e pessoa.

À medida que vão desenvolvendo um relacionamento cada vez mais íntimo, profundo e pessoal com Deus Pai, Deus Filho e Deus Espírito Santo, as crianças passam a produzir de maneira mais eficaz e nítida o fruto do Espírito, pois estarão andando e permanecendo no Espírito. A Bíblia nos afirma essa verdade em Gálatas 5.16, quando diz que quem anda no Espírito não satisfaz à concupiscência da carne e, consequentemente, não desagrada a Deus. Esse andar acontece diariamente. Elas não terão apenas um relacionamento de final de semana com Deus, mas O colocarão na vida como prioridade absoluta. Deus não será o mais importante dentre muitas outras coisas pessoas ou compromissos, Ele será o único.

Logo, por terem um relacionamento íntimo e pessoal com Deus, nossas crianças não terão inclinações para a carne, já que andarão no Espírito e terão uma amizade profunda com o Deus Trino, o que as levará a não querer pecar, não por medo das consequências ou do castigo, mas para não estragar um relacionamento lindo que desenvolveram com Ele.

UM DEUS SOBRENATURAL

Quando lemos a Bíblia, de Gênesis a Apocalipse, observamos como Deus e Seu amor são sobrenaturais; muitas vezes, isso é difícil para a mente humana compreender. Em todos os livros e histórias bíblicas o fator e toque sobrenaturais sempre estão presentes, mesmo na narrativa contada no livro de Ester, em que não há sequer uma menção do nome de Deus, Sua presença e ação permeiam cada acontecimento.

No livro de Gênesis, Deus cria o mundo pelo poder da Sua palavra, o que é sobrenatural. Jó teve uma vida sobrenatural, Abraão e Sara tiveram Isaque sobrenaturalmente. A saída do povo de Israel do Egito, descrita no livro de Êxodo, é recheada de sinais e acontecimentos sobrenaturais como: as dez pragas, a abertura do mar Vermelho, a maneira como Deus cuidou do Seu povo durante a difícil viagem pelo deserto, a coluna de fogo e a nuvem que os acompanhava e ditava o ritmo da caminhada, a provisão do maná e tantas outras manifestações extraordinárias. As histórias dos reis de Israel, dos juízes e dos profetas não ficam para trás. Isso sem contar a vida de Jesus. Ele é o maior exemplo da ação sobrenatural de Deus em favor da humanidade. Primeiro, foi concebido pelo Espírito Santo no ventre de uma virgem; depois, realizou inúmeros milagres e curas; em seguida, concluiu seu tempo aqui na Terra e cumpriu tudo quanto d'Ele estava escrito: morreu, ressuscitou e ascendeu aos céus. Acima de tudo, o amor de Jesus foi o que de mais sobrenatural Ele nos fez conhecer. Por amor, Ele veio cumprir todo desígnio de Deus, morrendo na cruz para nossa salvação. Por amor, Ele obedeceu a Deus Pai. É impossível negar o sobrenatural na vida de Jesus.

Da mesma maneira, a igreja primitiva revela, desde a sua fundação, a ação sobrenatural de Deus. A forma como ela teve início — com a descida do Espírito Santo em Jerusalém, conforme descrito no capítulo 2 do livro de Atos —, o mover e o poder sobrenatural agindo por intermédio dos apóstolos e se manifestando nas Escrituras até o Apocalipse são amostras adicionais do sobrenatural nas páginas bíblicas. O mover sobrenatural vem pela ação do Espírito Santo. Em João 14.12 Jesus assegurou-nos de que faríamos obras ainda maiores do que as que Ele fez. Em outras palavras, o sobrenatural é algo divino que deve acompanhar todos os que creem, conforme descrito em Marcos 16.17-20.

JESUS NOSSO MODELO

Jesus, nosso mestre e modelo maior, sempre teve uma vida sobrenatural. Durante toda a Sua caminhada neste mundo, Ele fazia apenas o que o Pai lhe dizia. Para que isso acontecesse Ele cultivava um relacionamento real e profundo com Deus Pai. E ali, recebia o direcionamento de que precisava, a força e amor que lhe eram necessários para cumprir toda a vontade divina. Ele sabia o quanto era amado pelo Pai.

O ministério de Jesus teve início quando Ele foi batizado nas águas por João. Em seguida, aconteceu o maior encontro da Trindade na Terra. Deus, o Filho, estava sendo batizado; Deus Pai, fez ouvir Sua voz, dizendo: "Este é meu filho amado em que tenho prazer"; e Deus, Espírito Santo, descia sobre Jesus, como uma pomba. Aqui, é possível notar que, da mesma forma como ocorreu na vida de Jesus, o início de um andar sobrenatural consiste em alguns pontos essenciais encontrados nos capítulos 3 e 4 do evangelho de Mateus.

O ponto de partida para uma vida sobrenatural é tomar a decisão pessoal por estabelecer uma aliança eterna com Deus, firmada publicamente por meio do batismo nas águas. Jesus saiu da Galileia em direção ao rio Jordão para ser batizado por João Batista. Ele decidiu ser batizado nas águas. O batismo é uma aliança eterna e pessoal com Deus, um ato da vontade e uma disposição para obedecer ao Senhor. Ninguém pode entrar nesta aliança em lugar do outro. A decisão é unicamente pessoal.

Assim que saiu das águas, o Espírito Santo desceu sobre Jesus como uma pomba. O encontro pessoal com o Espírito Santo é necessário para o andar sobrenatural. Tudo o que Jesus fazia — curas, milagres, sinais e maravilhas — era pelo Espírito Santo. Depois que o Espírito Santo desceu sobre Jesus, Ele recebeu o Seu grande chamado: "Filho amado". Até aquele momento, Ele não havia realizado nenhum milagre, cura ou obra, e mesmo assim recebeu o amor de Deus de forma incondicional.

A partir do modelo de Jesus e do encontro sobrenatural da Trindade na Terra entendemos que nossas crianças também precisam tomar uma decisão pessoal, passar pelo novo nascimento e batismo nas águas, ter um encontro com o Espírito Santo e receber a revelação do amor incondicional de Deus Pai, em sua vida. Em outras palavras, elas precisam ter o encontro com o Deus Trino de forma sobrenatural.

FILHO AMADO

Logo após receber, diretamente do Pai, o maior chamado de Sua vida — "Filho amado" —, e de encontrar-se com o Espírito Santo, Jesus foi conduzido ao deserto, onde foi tentado pelo diabo (Mateus 4.1-11).

Jesus havia acabado de jejuar pelo período de quarenta dias e, naturalmente, teve fome. O diabo aproximou-se d'Ele e disse: "Se tu és filho de Deus, manda que estas pedras se transformem em pães". Perceba que o diabo omite a palavra "amado"; ele simplesmente diz "se tu és Filho de Deus", e não "Filho amado de Deus", expressão que Ele havia escutado de Seu Pai apenas três versículos antes, mesmo sem ter realizado nenhum milagre ou obra. Jesus não precisava fazer nenhuma performance para receber o amor de Deus Pai. Ele já sabia que não era apenas Filho de Deus, mas Filho amado de Deus. Isso não só porque havia tido um encontro com Deus Pai, mas porque permanecia na Presença d'Ele, e foi isso, em parceria com a Palavra de Deus, que O sustentaram e fizeram permanecer firme, sem ceder à tentação.

Muitos cristãos caem em tentação porque não sabem, não experimentam e não têm a revelação do quanto são amados por Deus. Quando as crianças sabem quão intensamente são amadas por Deus, experimentam e têm a revelação do Seu verdadeiro e incondicional amor, se torna muito mais difícil caírem em tentações, mesmo quando se tornam adolescentes ou entram na fase adulta, pois as ofertas do mundo não serão atrativas para elas.

É muito importante que elas experimentem o amor de Deus Pai. E isso pode acontecer por intermédio de pais, líderes, voluntários e outros. Quando estamos conectados com Deus Pai e nos conectamos com as crianças, somos como canais facilitadores para que o fluir do amor de Deus chegue até elas. É verdadeiro o princípio que afirma: "Só podemos passar o que temos". Ninguém pode dar aquilo que não tem. Se estivermos cheios do Espírito Santo e do amor de Deus, isso automaticamente se derramará sobre a vida de cada criança com a qual tivermos contato.

Resta-nos perguntar: O que temos passado para nossos filhos e as demais crianças que têm contato conosco? Será que estamos cheios de Deus e do Seu amor?

A nossa vida de relacionamento íntimo com Deus pode facilitar a caminhada de cada criança de nosso convívio com o Senhor, proporcionando a elas a oportunidade de terem uma experiência pessoal com Deus e Seu amor.

O ESPÍRITO SANTO

Tudo o que Jesus fez nos três anos de Seu ministério terreno foi realizado pelo poder do Espírito Santo. Por isso, a experiência com o Espírito Santo é o pré-requisito para uma vida sobrenatural. Por ocasião do Seu batismo nas águas, Jesus foi cheio do Espírito Santo e por Ele foi conduzido ao deserto para ser tentado (Mateus 4.1). É interessante que, mesmo tendo sido levado ao deserto pelo Espírito Santo, foi o próprio Espírito Santo quem também o habilitou a vencer as tentações e sair dali vitorioso (Lucas 4.13-14). A partir desse momento, pelo poder do Espírito Santo, Jesus começa o Seu ministério, que foi marcado pelo poder sobrenatural, manifesto por meio de milagres, sinais, curas e muita sabedoria.

Um encontro com o Espírito Santo e uma vida embasada no poder que Ele concede são necessários para que as crianças fluam no sobrenatural, descubram e cumpram na Terra o chamado que receberam do Senhor. Mais adiante, dedicaremos alguns capítulos para falar mais sobre o Espírito Santo. Neles, ficará mais clara a impossibilidade de separar o mover profético e sobrenatural da pessoa do Espírito Santo.

DISCÍPULOS DE JESUS E NÃO SADUCEUS

Se nosso desejo é que, quando alcançarem a adolescência e juventude, as crianças permaneçam nos caminhos de Deus, sejam discípulos de Jesus e influenciem o mundo como Ele fez, precisamos obedecer aos Seus mandamentos e seguir os Seus passos. Todas as coisas que Jesus realizava era somente o que via Seu Pai fazer e falar, e Ele executava todas elas pelo poder do Espírito Santo. Em outras palavras, Ele pregava a Palavra de Deus, que era a doutrina de Seu Pai, pelo poder do Espírito Santo; falava palavras de sabedoria e vida por intermédio do mesmo poder e demonstrava esse poder por meio de curas, sinais sobrenaturais e milagres.

Se o ministério de Jesus era cheio da santa e verdadeira doutrina, mas também era acompanhado de demonstração do poder do Espírito Santo, porque, muitas vezes, ensinamos apenas a doutrina e não manifestamos o mesmo poder? O próprio Jesus disse: "Errais, não conhecendo as Escrituras nem o poder de Deus". (Mateus 22.29). Neste contexto, Jesus estava se referindo especificamente aos saduceus, que eram do partido religioso judeu de Sua época. Eles criam que somente a lei escrita era obrigatória para a nação, pois essa era a autoridade divina. Negavam as doutrinas da ressurreição do corpo, da imortalidade da alma e da existência de espíritos e anjos. Em outras palavras, negavam o poder sobrenatural divino.

Enquanto ensinarmos apenas a letra e não demonstrarmos o poder sobrenatural do Espírito Santo, estaremos formando saduceus e não discípulos de Jesus Cristo. Não queremos errar por falta de conhecimento da Palavra de Deus, mas também não queremos errar por desconhecer o poder sobrenatural do Espírito Santo. E, obviamente, não queremos que nossas crianças caiam nesse erro também. Infelizmente, muitas crianças crescem, mesmo sendo criadas na igreja, e erram em seus caminhos por não conhecerem o poder de Deus. Talvez tenham até conhecido a Palavra, mas não experimentaram o poder sobrenatural de verdade.

ANDANDO NA PERFEITA VONTADE DE DEUS

Lemos nas Escrituras que um povo sem visão profética perece, ou seja, se corrompe (Provérbios 29.18a). Creio que ninguém queira perecer, mas muitos adolescentes, jovens e adultos estão perecendo e se corrompendo, talvez por não terem aprendido a ser proféticos. Ser profético nada mais é do que ouvir a mente e o coração de Deus e expressar aquilo que ouviu. Se ouvimos e expressamos a Sua mente e coração, então somos e seremos guiados por Ele. Mesmo sabendo disso, muitos ainda persistem em buscar soluções em fontes erradas e, consequentemente, colhem uma vida medíocre e muito abaixo do que Deus preparou para Seus filhos. Contudo, quando buscamos soluções e direção vindas de Deus e com base em Seus princípios e valores, teremos uma vida abundante e plena, além de experimentarmos a perfeita vontade de Deus. Quando tomamos decisões baseadas na perfeita vontade de Deus, não perecemos nem nos corrompemos. Nos capítulos posteriores falaremos mais a respeito de como escutar a voz de Deus.

Quando as crianças aprendem a ouvir e obedecer à voz de Deus, suas atitudes e decisões se tornam convincentes e corretas. Então, antes de expressar para os outros aquilo que Deus falou, elas, primeiramente, obedecerão ao que Deus lhes falou no coração.

Nosso papel como discipuladores e pais de crianças vai muito além de fazer que elas nos obedeçam e atendam prontamente ao que falamos. Claro que há fases quando devemos, sim, desempenhar esse papel, ensinando-as a obedecer. Porém, melhor do que isso, é ensiná-las a ouvir a voz de Deus, porque assim terão maior responsabilidade em cumprir o que Deus lhes disse diretamente, obedecendo a Ele em tudo o que ouvir. Dar ouvidos à voz de Deus é o primeiro passo para nos tornarmos proféticos.

O propósito do mover profético é apontar o plano perfeito de Deus para as crianças, mas também aos adolescentes, jovens e adultos em todo o mundo, para que assim todos possam experimentar a vontade de Deus, resultante de uma vida de obediência à Sua voz. Essa é uma vida plena, abundante e tão próspera que abençoa todas as famílias da Terra.

Ao ouvir a voz de Deus desde a infância, cada ser humano tem a oportunidade de viver uma vida com propósito, pois saberá, desde bem pequeno, qual é o chamado de Deus para sua vida, a razão da sua existência para o momento e contexto em que vive. Não viverá por uma necessidade, mas para cumprir a perfeita vontade de Deus em sua casa, família e no desempenho da profissão e ministério.

CAPÍTULO 2

CONHECENDO E ENTENDENDO A TRINDADE DIVINA

SARAH HAYASHI

Um dos aspectos básicos a respeito da natureza de Deus é que Ele é tripartido, assim como nós. Cada pessoa é um ser único e especial, dividido em corpo, alma e espírito. Não há ninguém igual a você ou a mim. Deus é tão poderoso que nem os gêmeos são iguais; eles são diferentes e singulares, mesmo sendo idênticos na aparência exterior. Cada ser humano, no entanto, carrega algo particular e milimetricamente projetado por Deus.

Somos constituídos de três partes: corpo, alma e espírito. Cada uma dessas partes exerce uma função, mas, ainda assim, elas permanecem sempre juntas. Por essa razão, as pessoas são distintas e têm personalidade própria.

Quando olhamos para nós mesmos, fica mais fácil entender a natureza e a personalidade de Deus nas três pessoas da Trindade: Pai, Filho e Espírito Santo. Todavia, apesar de cada um exercer suas próprias funções,

Eles mantêm uma forte unidade de pensamento, sentimento, raciocínio, além de se respeitarem a tal ponto que nunca discordam um do outro ou agem independentemente. Isso prova que Deus tem uma só personalidade, manifestando as mesmas características de amor, paz, alegria, poder, santidade, mansidão, misericórdia, fidelidade, justiça, retidão, bondade; não sofre mudança ou variação e é sempre amigo, jamais abandona, além de outros atributos maravilhosos.

A BÍBLIA TESTIFICA QUE SÃO TRÊS EM UM

Assim como não podemos separar nosso corpo de nossa alma e espírito, Deus também é inseparável. Ele é espírito, isto é, invisível. No grego, *"pneuma"* significa "ar". Não conseguimos ver o ar, mas podemos senti-lo. Todas as três identidades são compostas pela mesma substância: O espírito: "Porque três são os que testificam no céu: o Pai, a Palavra e o Espírito Santo; e estes três são um." (1João 5.7; *ARC, Almeida Revista e Corrigida*).

Lemos em Mateus 3.16-17:

> E, sendo Jesus batizado, saiu logo da água, e eis que se lhe abriram os céus, e viu o Espírito Santo de Deus descendo como pomba e vindo sobre ele. E eis que uma voz dos céus dizia: Este é o meu Filho amado, em quem me comprazo. (*ARC*)

UM+UM+UM=UM

Apesar de serem três identidades que equivalem a uma, cada um tem a Sua operação ou atividade distinta. São inseparáveis, mas cada um tem Sua função particular. Quando um opera, os outros dois estão juntos. Jamais se separam nem se contradizem, mas estão sempre unidos. Nós somos assim também. Se vamos ao trabalho, por exemplo, nosso corpo e espírito também vão. Não conseguimos deixar o nosso corpo dormindo e irmos ao trabalho somente com a alma. Nossos filhos não conseguem deixar o espírito deles dentro da igreja e sair para brincar com amiguinhos. Nesse sentido é importante entendermos também que a alma é responsável por coletar as informações que aprendemos com nossos professores, as conversas que desenvolvemos com nossos amigos, as risadas e momentos de diversão que tivemos com nossa família, por exemplo. Para onde vamos, vamos por inteiro.

A seguir algumas das atividades de Deus e a unidade entre a Trindade divina:

DEUS PAI

Liderou as ações na Criação e, até hoje, por meio de Suas palavras, todo o Universo continua em operação e evolução contínua. Ele, no princípio, "criou [...] os céus e a terra." (Gênesis 1.1) e também, quando chegou a plenitude do tempo, "enviou seu Filho, nascido de mulher, nascido sob a lei, para resgatar os que estavam sob a lei, a fim de que recebêssemos a adoção de filhos" (Gálatas 4.4-5).

JESUS CRISTO

Sendo Deus, abriu mão dos direitos e poderes que tinha nos céus, veio à Terra e tornou-se homem. Foi gerado sobrenaturalmente no ventre de Maria, uma moça virgem. Lemos nas Escrituras que o anjo se apresentou diante de Maria e lhe disse: "Descerá sobre ti o Espírito Santo, e o poder do Altíssimo te envolverá com a sua sombra; por isso, também o ente santo que há de nascer será chamado Filho de Deus." (Lucas 1.35).

JESUS CRISTO, O CORDEIRO DE DEUS

No Antigo Testamento, o perdão dos pecados acontecia pelo sacrifício de um cordeiro ou de outros animais sem defeito e doença. O sangue daquele animal, que tinha de ser o primogênito, purificava os homens diante de Deus.

A partir do momento em que Jesus Cristo foi sacrificado na cruz do Calvário, os hebreus não tinham mais de trazer animais para oferecer em sacrifício, a fim de obter o perdão por seus pecados. De uma vez por todas, Ele foi o Cordeiro que morreu para nos perdoar de todos os pecados. O Seu sangue tem poder de nos purificar de todo pecado; isso vale até hoje e valerá para sempre.

Portanto, se o sangue de bodes e de touros e a cinza de uma novilha, aspergidos sobre os contaminados, os santificam, quanto à purificação da carne, muito mais o sangue de Cristo, que, pelo Espírito eterno, a si mesmo se ofereceu sem mácula a Deus, purificará a nossa consciência de obras mortas, para servirmos ao Deus vivo! (Hebreus 9.13-14)

O CUIDADO DE DEUS PAI E DO ESPÍRITO SANTO COM JESUS

Quando Jesus morreu, Deus Pai e o Espírito Santo estiveram com Ele, dando-Lhe forças para ressuscitar: "Deus ressuscitou a este Jesus, do que todos nós somos testemunhas." (Atos 2.32; *ARC*). Paulo menciona em Romanos 8.11 o "Espírito daquele que dos mortos ressuscitou a Jesus..." (Romanos 8.11).

JESUS CRISTO HABITA NO CORAÇÃO DE TODO AQUELE QUE O RECEBE

Algumas vezes é difícil entender como Jesus pode habitar em nosso coração e no coração de todas as pessoas do mundo que O recebem. Depois que Ele ressuscitou, subiu ao céu e está à direita de Deus Pai orando por nós e nos defendendo contra o Satanás, o Espírito Santo foi enviado para permanecer conosco. Esse mesmo Espírito Santo também representa a Trindade, e como os três são um, podemos entender que Deus Pai e Deus Filho habitam dentro de nós pelo Espírito Santo. Jesus disse:

E eu rogarei ao Pai, e ele vos dará outro Consolador, a fim de que esteja para sempre convosco, o Espírito da verdade, que o mundo não pode receber, porque não o vê, nem o conhece; vós o conheceis, porque ele habita convosco e estará em vós. [...]

Se alguém me ama, guardará a minha palavra, e meu Pai o amará, e viremos para ele e faremos nele morada. (João 14.16-17,23)

ESPÍRITO SANTO

Ele é a terceira pessoa do Deus Trino. Assim como Deus Pai e Deus Filho, Ele também faz parte de Deus e é Deus. Esteve junto com o Pai e o Filho na criação de todas as coisas e, como já vimos, os três são inseparáveis, mesmo que cada um exerça uma função diferente. Desde a Criação, no início de tudo, o Espírito Santo estava lá: "A terra, porém, estava sem forma e vazia; havia trevas sobre a face do abismo, e o Espírito de Deus pairava por sobre as águas." (Gênesis 1.2).

O Espírito Santo foi quem fortaleceu Jesus quando estava prestes a ser crucificado e morrer na cruz, e O ressuscitou da morte pelo Seu poder. E, no dia em que Jesus Cristo vier buscar a Sua noiva, a Igreja, Ele fará o mesmo com os cristãos que perseverarem até o fim:

Se habita em vós o Espírito daquele que ressuscitou a Jesus dentre os mortos, esse mesmo que ressuscitou a Cristo Jesus dentre os mortos vivificará também o vosso corpo mortal, por meio do seu Espírito, que em vós habita. (Romanos 8.11)

O Espírito Santo, além de tudo isso, nos dá um novo coração e possibilita um novo andar, isto é, Ele nos **santifica**. Ele também nos ajuda a entender a Bíblia e nos **revela** os mistérios do Reino celestial. Não veio para falar de Si mesmo, mas somente o que **ouve do Pai e do Filho**. Assim como capacitou Jesus Cristo a ressuscitar, Ele nos capacita, com poder, a **fazer tudo o que agrada a Deus Pai** e a **Deus Filho**. O Espírito Santo é a **garantia** em nosso coração, que nos assegura de que há uma enorme e **indescritível herança** esperando por nós quando deixarmos esta Terra:

> ... em quem também vós, depois que ouvistes a palavra da verdade, o evangelho da vossa salvação, tendo nele também crido, fostes selados com o Santo Espírito da promessa; o qual é o penhor da nossa herança, até ao resgate da sua propriedade, em louvor da sua glória. (Efésios 1.13-14)

Precisamos ter em mente que somos templo de Deus, e que o Espírito de Deus habita em nós (1Coríntios 3.16). Precisamos estar completamente cheios do Espírito Santo, pois se assim estivermos, Ele será em nós um rio de águas vivas que, fluindo do nosso interior, transbordará a ponto de podermos ajudar muitas pessoas com palavras de consolo, encorajamento e edificação. Não é maravilhoso?!

Todas essas coisas são bases sem as quais não conseguiremos prosseguir para os próximos capítulos. Primeiro porque precisamos cultivar o conhecimento bíblico, para que a vivificação da Palavra de Deus possa acontecer em nós. É de extrema importância que não apenas o conhecimento teórico seja estabelecido, como também a experiência pessoal seja vivida e vivificada dentro de cada um que ministra para crianças e as lidera, para que então, isso se torne uma verdade em nós e não seja, simplesmente, um conhecimento teórico transmitido a outras pessoas.

CAPÍTULO 3

COMO APRESENTAR DEUS PARA AS CRIANÇAS

JACKELINE HAYASHI

CONHECIMENTO É DIFERENTE DE RELACIONAMENTO

Minha mãe se casou com uma pessoa que não temia a Deus. Ela sofria muito pelo fato de meu pai não ser cristão, mas sempre dizia que meu irmão e eu éramos presentes de Deus dentro daquele casamento; repetidas vezes nos dizia que Deus nos amava e tinha lindos planos para nós.

Não me lembro exatamente de quando comecei a aprender a respeito de Deus, como também não me lembro de quando e como comecei a pronunciar as primeiras palavras nem aprender a andar; não me recordo de como comecei a dizer "não" e tantas outras coisas que sabemos ter aprendido em algum momento, mas não nos lembramos como e quando.

Para mim, Deus era alguém real, mas eu nunca havia tido a oportunidade de experimentá-lO, até o dia em que meu irmão quase morreu e eu vi minha mãe orando e suplicando a Deus pela vida dele. Assim, o milagre veio! E eu vi Deus de perto e de maneira muito real. Eu tinha 9 anos de idade quando isso aconteceu.

Erramos ao pensar que as crianças precisam ter maturidade ou certo grau de consciência para, então, lhes apresentarmos Deus. Não estou me referindo à salvação, novo nascimento, conversão ou batismo nas águas, mas à consciência e ao conhecimento da existência de Deus e da Sua presença. Precisamos apresentar Deus às nossas crianças o quanto antes, mesmo que ainda sejam bebês. Foi isso que Deus nos instruiu a fazer em Deuteronômio 11.19, quando deixa claro que os pais precisavam ser intencionais ao ensinar a respeito de Deus a seus filhos. Olhando para os tempos do Novo Testamento, vemos Jesus relembrando aos seus discípulos que "Da boca de pequeninos e crianças de peito tiraste perfeito louvor." (Mateus 21.16b; veja também, Salmos 8.2). Assim, entendemos que é nosso dever expor nossas crianças, desde muito pequenas, à presença de Deus.

É importante deixar claro que há uma diferença entre conhecer intelectualmente e conhecer por se relacionar; entre conhecer uma pessoa e ter relacionamento com ela; entre conhecer a Deus e ter relacionamento com Ele. Podemos fazer que nossas crianças conheçam sobre Deus, assim como conhecem o que é um prato, uma colher ou histórias infantis, entretanto somos chamados não apenas para fazer que elas conheçam a Deus, mas para ensinar a elas como ter um relacionamento pessoal com Ele. E uma maneira eficiente de fazer que nossas crianças ascendam do nível do conhecimento teórico para o do relacionamento é por intermédio dos testemunhos.

Nos tempos do Antigo Testamento, repetidas vezes, Deus ordenou ao povo que levantasse memoriais. Um exemplo disso é quando atravessaram o mar Vermelho. Os memoriais eram para que os seus filhos pudessem saber o que Deus havia feito. Conforme seus filhos nasciam e cresciam, mesmo que não tivessem visto aqueles milagres, seus pais lhes contavam as experiências que haviam tido com Deus e mostravam os memoriais, utilizando-os como testemunho do que havia acontecido. Isso fazia que aquelas crianças conhecessem a Deus, além daquilo que, desde jovens, viam o Senhor operar e das novas vitórias e milagres que Ele operava no meio do seu povo.

A Bíblia é repleta de grandes testemunhos a respeito de Deus, o que pode facilmente se tornar uma fonte de conhecimento, se forem apenas contados. Precisamos ir além, não devemos apenas contar os feitos divinos, mas incentivar nossas crianças a buscarem ter seus próprios testemunhos. Somente assim elas passarão do estágio de conhecimento para o do relacionamento, em que terão experiências pessoais com Deus, gerando seus próprios testemunhos.

Contudo, só conquistarão isso se nós, como pais e líderes, oferecermos a elas oportunidades para vivenciarem essa experiência no dia a dia. Temos de abrir oportunidades para que elas vejam Deus agir. Precisamos, constantemente, ser intencionais em mostrar Deus agindo na vida delas, seja pela provisão diária do alimento, pela graça de poder enxergar e ouvir, pela maravilha que é acordar todos os dias com saúde e em família, pela dádiva de ter uma casa ou pela grandiosidade e harmonia da natureza. Elas precisam aprender a enxergar o agir de Deus em tudo, nas coisas grandes e nas pequenas, e só agirão assim quando forem ensinadas por nós, pais e líderes.

Mas, ainda que esse seja o modelo ideal, nem sempre os pais têm o hábito diário de apresentar Deus a seus filhos. Muitas vezes, recebemos crianças no ministério infantil que nem sabem quem Deus é. Quando nos deparamos com situações assim, o segredo está em agir da mesma maneira, mostrando, por meio do nosso falar, do nosso agir e do contar histórias um Deus que é real. Precisamos fazer que elas experimentem esse Deus.

Certo domingo, em nossa igreja local, uma mãe nos procurou, contando que seu filho de 7 anos saiu impactado com o que aconteceu com ele durante o culto. Há muito tempo, ele sofria com uma alergia e durante aquela reunião sentimos de conduzir as crianças em uma ministração de cura. Aquele menino pediu uma oração e recebeu o que precisava. Quando o culto terminou, movido por fé, aquele menino contou à mãe o que havia acontecido e pediu para comprar e consumir o alimento a que era alérgico. Para a surpresa e alegria de todos ele estava completamente curado. Mais tarde, a mãe do menino o levou ao médico, que constatou a cura. Hoje, ele ora por todas as pessoas doentes que encontra, incluindo sua mãe, que foi diagnosticada com uma enfermidade; mesmo que ela não tenha sido curada ainda, o filho sempre insiste, dizendo: "Mamãe, vamos continuar orando, porque Deus cura!".

Todavia, há algo essencial que precisamos fazer, antes de pensar em quando ou como apresentaremos Deus a nossos filhos: avaliarmos a nós mesmos e refletirmos a respeito de como enxergamos Deus e vivemos nossa fé n'Ele.

COMO VOCÊ VÊ DEUS?

Jesus era extremamente claro quando se referia a Deus. Ele sempre falava que, ao olharmos para Ele, veríamos Deus Pai. Contudo, para muitos, é difícil enxergar Deus como Jesus. Lamentavelmente, muitas pessoas julgam Deus Pai como um ser severo e predisposto a castigar, enquanto veem Jesus como alguém doce e sempre disposto a perdoar. Felizmente, isso muda à medida que nossa intimidade com Ele aumenta. Conhecer Jesus mais profundamente nos permite ver Deus de uma maneira completamente diferente. Conhecê-lO nos dá acesso a encontros com o verdadeiro Deus Pai. Conheça Jesus e você conhecerá Deus. É isso que a Bíblia diz: "Se vós me tivésseis conhecido, conheceríeis também a meu Pai. Desde agora o conheceis e o tendes visto." (João 14.7).

Antes de sermos pais, mães e líderes de crianças, como cristãos, somos chamados a ser imitadores de Cristo. E se somos Seus imitadores, logo, também nos tornamos imitadores de Deus. Nossas crianças nos observam o tempo inteiro e estão a todo o momento nos imitando. Quanto mais parecidos com Jesus formos, mais elas conhecerão a Deus por meio de nossa vida, nossas atitudes e hábitos.

As pessoas viam Deus por meio de Jesus porque Ele estava constantemente falando com Deus e mostrando-O por meio dos Seus atos. Jesus era muito intencional em mostrar Deus e honrá-lO. Paulo nos exorta a revelar Deus em nossas ações, como Jesus fazia: "Sede, pois, imitadores de Deus, como filhos amados; e andai em amor, como também Cristo nos amou e se entregou por nós, como oferta e sacrifício a Deus, em aroma suave." (Efésios 5.1).

Contudo, é imprescindível que, nesse processo, não nos esqueçamos da nossa identidade. A Palavra nos revela que somos "filhos amados", e quando tentamos imitá-lO sem essa perspectiva e revelação, podemos caminhar no sentido contrário ao que propusemos no coração. Somos chamados a imitar o Senhor, a ser cada vez mais parecidos com Ele, mas jamais seremos Deus. Somos filhos amados, e isso é maravilhoso.

Manter sempre à vista quem nós somos em relação a Deus nos protegerá e evitará que sigamos na direção oposta ao que propusemos no coração, incorrendo no mesmo erro de Satanás, querendo assumir uma posição de igual com Deus e estabelecer seu trono em lugar mais alto que o do Senhor, todo-poderoso:

> Tu dizias no teu coração: Eu subirei ao céu; acima das estrelas de Deus exaltarei o meu trono e no monte da congregação me assentarei, nas extremidades do Norte; subirei acima das mais altas nuvens e serei semelhante ao Altíssimo. (Isaías 14.13-14)

A consciência de que somos filhos amados, e não órfãos, é o primeiro passo para conhecer a Deus mais profundamente. O mais fantástico nisso tudo é que essa trajetória nunca terá fim, pois Deus tem infinitas facetas para serem conhecidas.

COMO MOSTRAR DEUS PARA AS CRIANÇAS?

Há uma palavra que deve permanecer o tempo todo em nossa mente, quando o assunto é revelar Deus às crianças: **intencionalidade**. Se queremos que nossas crianças tenham experiências com Deus e desfrutem de uma vida plena, precisamos ser intencionais em cada movimento, e, para isso, é necessário refletir e ter muito clara nossa crença com respeito à natureza e essência de Deus.

Vejamos o que o Salmos 103.8-13 tem a nos ensinar sobre como mostrar Deus para as crianças com as quais temos contato. O texto diz:

> O Senhor é misericordioso e compassivo; longânimo e assaz benigno. Não repreende perpetuamente, nem conserva para sempre a sua ira. Não nos trata segundo os nossos pecados, nem nos retribui consoante as nossas iniquidades. Pois quanto o céu se alteia acima da terra, assim é grande a sua misericórdia para com os que o temem.Quanto dista o Oriente do Ocidente, assim afasta de nós as nossas transgressões. Como um pai se compadece de seus filhos, assim o Senhor se compadece dos que o temem.

A palavra "misericordioso" tem sua origem no termo hebraico *racham*, que significa "amar", "amar profundamente" ou "ter compaixão". Diversas vezes em nossa vida temos a oportunidade de demonstrar compaixão e estender misericórdia a alguém. Nesses momentos, podemos e devemos ensinar nossos filhos a serem misericordiosos e compassivos com o próximo, assim como Deus é conosco.

No texto que acabamos de ler, o termo "compassivo" tem sua origem na palavra hebraica *chanan*, que é o mesmo que "ser gracioso", "mostrar favor" ou "comportar-se de maneira piedosa". Muitas são as situações em que precisamos ser graciosos com as pessoas, principalmente com nossas crianças; não no sentido de passar a mão na cabeça ou de encobrir os erros que elas cometem, mas, ao abordarmos a criança, precisamos fazê-lo sob a perspectiva da graça, na tentativa de trazê-la para a verdade e ajudá-la a entender o potencial que ela carrega.

Quando Jesus estendeu graça para a mulher adúltera (João 8.1-11), ele não disse que ela estava certa em adulterar, mas demonstrou amor enquanto ela esperava que Ele se juntasse aos demais para apedrejá-la. Por sua vida justa e sem pecados, Jesus era o único que podia apedrejá-la, mas não o fez. Em vez de lançar pedras, ele estendeu perdão e oportunidade de mudança de vida. "Vai e não peques mais!", foi o que Ele disse. Assim como Jesus, após oferecermos amor e graça, precisamos direcionar nossas crianças no caminho certo. Porque estarão impactadas com o amor e a graça, podendo então ouvir a direção que dermos a seguir.

Já, o termo "longânimo", nesta passagem bíblica, é a tradução do hebraico *arek*, que significa "paciente", "tardio em irar-se". Acredito que este seja um dos pontos principais quando o assunto é criança. O tempo todo precisamos exercitar paciência, e isso não significa ser passivo, e sim ter um longo ânimo. Quanto mais orarmos a Deus, pedindo paciência, mais Ele nos dará oportunidade de exercê-la. Se você tem uma criança hiperativa ou de comportamento difícil, agradeça a Deus pela oportunidade de exercitar paciência. A paciência é um fruto do Espírito. De nada adiantará afirmar e reforçar que não a tem. Se você tem o Espírito Santo, precisa ter paciência e exercitá-la.

Temos ainda a expressão *assaz benigno*, que carrega uma conotação de "algo que é muito bom". Note que o termo *assaz* aparece reforçado pela palavra "benigno", tradução hebraica de *checed*, que significa "bondade". Deus é muito bom. Ele é muito bom o tempo todo, e precisamos entender isso. Entretanto, Ele também é justo, por isso, age com bondade mesmo nos momentos de correção. As Escrituras nos dizem que o Senhor, por sua bondade e misericórdia, "Não repreende perpetuamente, nem conserva para sempre a sua ira." (Salmos 103.9). As crianças precisam aprender conosco que Deus é bom e nos convida a viver uma vida de bondade. O melhor nisso, é que Ele está sempre disposto a nos corrigir quando precisamos ser alinhados em relação a quem somos e o que fomos chamados a fazer. E isso, definitivamente, tem ligação direta com Sua bondade e amor. Ser disciplinado denota filiação; apenas os filhos são disciplinados e corrigidos. Por isso, devemos entender e expressar a bondade de Deus por meio da correção também.

É de grande importância, e uma necessidade humana, sondar constantemente nosso coração em relação à ira. As Escrituras nos dizem que não podemos deixar que o sol se ponha sobre nossa ira (Efésios 4.26). Deus não armazena ira; logo, devemos agir da mesma forma. Ele é bom.

No versículo 10 do livro de Salmos, capítulo 103, lemos que Deus "Não nos trata segundo os nossos pecados, nem nos retribui consoante as nossas iniquidades.". Esse texto fala também a respeito das nossas dificuldades. Nele, Deus garante: os obstáculos que surgem na vida daqueles que O servem verdadeiramente não são resultados de seus erros, já que Ele não nos trata conforme os nossos pecados nem nos retribui conforme as nossas iniquidades. A palavra original para "iniquidade" é *avon*, que significa "perversidade", "depravação" ou "culpa".

Mas e você? Como é o Deus que você reflete? Quando se depara com alguém difícil, você retribui conforme as iniquidades dessa pessoa ou é capaz de pedir a Deus a capacidade de vê-la com os olhos d'Ele? Consegue trazer palavras de encorajamento e declarações de vida sobre ela? É capaz de chamar à existência coisas que não existem na vida das crianças pelas quais você é responsável?

O Salmo 103 prossegue, declarando "Pois quanto o céu está elevado acima da terra, assim é grande a sua misericórdia para com os que o temem." (*ARC*).

Essa é uma verdade e declaração maravilhosa, que nos proporciona segurança e paz. Da mesma maneira como as grandes coisas revelam o caráter do nosso Deus, as pequenas verdades também cumprem esse papel. O amor de Deus é uma verdade básica no ensino sobre a natureza divina, apesar de ser poderoso e grande; e isso nos leva, muitas vezes, a esquecê-lo ou até mesmo banalizá-lo. No entanto, esse tema precisa ser constantemente trazido a nossa memória e ensinado a nossas crianças, assim elas terão consciência de sua grandeza, poder e beleza. Deus nos ama com amor eterno e sempre tem misericórdia disponível para aqueles que O temem.

"Quanto dista o Oriente do Ocidente, assim afasta de nós as nossas transgressões.", é a declaração do salmista no versículo 12. O perdão também é algo crucial e uma das bases do cristianismo. Crianças têm muito mais facilidade para perdoar do que os adultos. Mas, como já mencionamos, elas tendem a imitar aqueles com quem convivem. Isso faz que muitas delas aprendam, pelo exemplo dos adultos, como não deveriam se comportar em relação ao perdão. Daí a importância de andarmos com o Senhor e estarmos cheios do Espírito Santo, a fim de reproduzirmos nelas o que temos aprendido de ambos.

Nós, adultos, perdoamos — ou deveríamos perdoar — por entender que fomos, e ainda somos, perdoados por Deus. Muitas vezes, o perdão que precisamos liberar não é para outra pessoa, e sim para nós mesmos. Seja como for, peça que o Espírito Santo sonde o Seu coração e o ensine a perdoar, para que o perdão não seja apenas um discurso que você reproduz ou uma experiência alheia que você transmite, mas uma verdade em sua vida.

"Como um pai se compadece de seus filhos, assim o SENHOR se compadece dos que o temem." As palavras "compadecer" e "misericordioso" têm a mesma raiz, vinda do termo *racham,* que traduzida significa "amar profundamente" ou "ter misericórdia de". Geralmente tendemos a maximizar coisas ruins que nos fazem e minimizar os erros que cometemos contra os outros. Tratamos como quase imperdoável o pecado que cometeram contra nós, mas nos achamos dignos de perdão imediato quando erramos com nosso próximo. Há situações em que temos dificuldades em dispensar perdão para nós mesmos, passando a vida arrastando fardos de pecados. Precisamos aprender a ter mais misericórdia e amor para com os outros e também conosco. Não importa o que tenhamos cometido, Deus é compassivo e sempre tem perdão a nos oferecer.

É importante lembrar que o Deus que conhecemos é o Deus que mostramos. Se o Deus que conhecemos é um ser distante, severo e que ama castigar os que violam Suas leis, nossa atitude e discursos reproduzirão isso. Do mesmo modo, se o Deus que conhecemos for do tipo presente em todas as horas, que nos socorre quando precisamos, que se alegra conosco em nossas vitórias, será esse Deus que revelaremos e reproduziremos. As crianças conhecerão Deus como nós O apresentarmos a elas.

Como pais e líderes, temos influência sobre nossas crianças e, a essa altura do campeonato, deveríamos saber que, na maioria das vezes, nossas atitudes e maneiras de lidar com as situações gritarão muito mais fortemente as verdades em que acreditamos do que nossas palavras. Não adianta discursarmos a respeito de um Deus criador, bondoso, que está sempre presente para nos ajudar e socorrer, se ao primeiro sinal de problemas ou dificuldades, ficamos angustiados, nos desesperamos ou corremos para pedir a ajuda de outras pessoas. Temos de analisar nossas reações diante dos problemas, da morte, de uma doença ou da falta de recursos financeiros.

Precisamos ter cuidado com a forma como apresentamos Deus no ministério infantil. De que adianta a expressão verbal de que Deus é amor e enxerga o melhor em nós, se, quando as crianças saem da linha, liberamos palavras de maldição, como: "Você é terrível!", "Ninguém consegue lidar com você!" e "Coitados dos seus pais!"? Não temos o direito de agir assim. Se algum dia, você já fez coisas desse tipo, esse é o momento perfeito para que peça perdão e mude completamente sua atitude. Ao acordar, precisamos pedir a Deus que controle nossa língua, já que ela é responsável por liberar vida ou morte (Provérbios 18.21a). Escolha liberar vida em cada situação.

A forma como você reage a uma situação será a forma como sua criança reagirá. A maneira que você ora, canta, adora, fala, conversa, resolve problemas e os encara será como seus filhos e as crianças que convivem com você farão. Busque em primeiro lugar a Deus, até mesmo nas coisas mais simples e corriqueiras.

Algo se perdeu? A criança quer um brinquedo que não cabe no orçamento da família? Ore e ore. Apresente sua fé para as crianças. Isso serve para tudo. Elas são como máquinas de copiar, e copiarão seus atos, modos de pensar e a maneira como encara a vida e o próximo. Ensine-as a, primeiramente, pedir e falar tudo para Deus. Em seus problemas, ensine a criança a pedir ajuda a Deus, mostre versículos para ajudá-la a entender o que Ele já fez e ainda faz, e veja o poder e a explosão que ocorrem quando a prática se une à teoria.

APRESENTANDO DEUS ÀS CRIANÇAS

Há dois momentos para apresentarmos Deus às nossas crianças: antes do nascimento e após o nascimento. O ideal é que isso seja feito antes mesmo do nascimento.

Quando uma mulher grávida conversa com o seu bebê, ele, aos poucos, passa a reconhecer a voz dela. O mesmo acontece quando o marido conversa diariamente com o bebê; a criança percebe a presença do pai. Quando nascer e se sentir sozinha, voltará a se sentir segura ao ouvir a voz do pai e da mãe, e, muitas vezes, até vai parar de chorar. Assim é com relação à presença de Deus. Queridas grávidas, comecem a trazer a presença de Deus para seu bebê desde o momento em que souberem da gravidez. Estejam sempre em oração e adoração, declarando palavras de vida sobre ele e proporcionando uma atmosfera celestial em sua casa. Isso vale igualmente para os maridos. Desse modo, quando a criança nascer já estará habituada com a presença e a glória de Deus, por causa da intencionalidade dos pais em apresentar seus filhos para Deus desde o ventre.

Quando Lucas e eu nos casamos, não programamos nossa primeira gravidez. Na época, eu tinha dificuldade para engravidar, mas, milagrosamente, depois de nove meses de casamento descobri que estava grávida. Levamos um susto, mas entregamos a Deus a nossa situação, pois, financeiramente, seria muito difícil. Decidimos que o nome do nosso bebê seria Matheus, que significa "presente de Deus", pois ele, realmente, tinha vindo como um presente de Deus para nós. Frequentemente falávamos o significado de seu nome. Ele cresceu ouvindo isso, e até hoje ainda se agarra a essa verdade. Sempre dizemos a ele que Deus tem grandes planos para sua vida, pois foi Ele quem planejou seu nascimento.

Como comentei, minha mãe casou-se com um homem que não era temente a Deus. Ele não entendia quem Deus era e não queria ter um relacionamento com

Ele, por isso, ela sempre nos falava que Deus deu a mim e meus irmãos a ela como presentes em meio à tribulação. Ela sempre dizia que éramos a melhor parte de toda a história e que ela não imaginava a sua vida sem a nossa presença. Isso me sustentou, e me trouxe convicção de que meu nascimento era da vontade de Deus.

Se você é um pai ou uma mãe que teve filhos sem, antes, ter o entendimento a respeito do nome que deu a eles, peça a Deus que traga à sua memória a razão de ter tido esses filhos e o que eles significam para você e sua família. Ore verdades de Deus sobre sua família e lance fora as mentiras que podem trazer perturbação. Deus é um Deus criador, Ele pode ajudá-lo a contar uma história que provoque impacto na vida do seu filho.

Quando era mais nova, sempre perguntava por que meu nome era Jackeline. Minha mãe respondia que era o nome que meu pai quis colocar. Certo dia, pesquisei o significado desse nome e descobri que é: "Aquela que supera". Aquilo foi incrível para mim! Entendi diversas situações que havia vivido e como Deus me chamava a trilhar uma vida de superação. Superar medos, mentiras, situações e doenças. Deus me ajudou a entender a minha história por meio do meu nome.

Como alguém que trabalha no ministério infantil podemos ajudar as crianças a descobrirem a identidade delas por meio do nome que têm. No ministério de nossa igreja local, sempre que podemos, conversamos com elas sobre seus nomes e quando não gostam deles, pedimos que orem e peçam a Deus um significado para seus nomes. Certo domingo, quando estávamos ministrando sobre identidade, uma menina disse que Deus havia dado um outro nome para ela. A partir dessa experiência, ela nos perguntou como faria para mudar o seu nome. Pedimos que ela orasse e perguntasse para o Papai do céu o que ela deveria fazer. Depois, ela voltou com a resposta. Ela nos disse que seu novo nome era aquele que Deus usava para chamá-la, e que ela não precisava mudar o seu nome para as outras pessoas. Em seguida, lhe contamos a história de Jacó e como Deus havia mudado o nome dele, mesmo que continuasse sendo chamado de Jacó. Explicamos a ela que aquele momento com Deus foi o instante em que ela recebeu sua identidade espiritual. Essa ocasião foi linda e muito especial.

Quando as crianças nascem, mesmo sendo ainda bebês, precisamos trazer o Deus vivo a elas todos os dias. Bebês reconhecem a voz de seus familiares, o que permite que eles sejam capazes de reconhecer a voz de Deus em momentos de adoração. Proporcionar esses momentos é nossa responsabilidade. Mamães, enquanto estiverem amamentando, estejam em constante oração e adoração. Mergulhem seus bebês em uma atmosfera repleta da presença de Deus. Creiam que eles serão imersos em Sua presença. Devemos proceder da mesma maneira ao cuidar dos bebês em nossa igreja local. Não podemos cuidar apenas do físico, mas orar com eles, declarar verdades bíblicas sobre eles, criar um ambiente de adoração. Creiam que mesmo sendo ainda bebês eles estão ouvindo Deus falar.

É sábio termos um certo "medo" de nossas crianças, pois elas estão sempre nos observando. Temos sempre de pedir sabedoria a Deus, para entender o que fazer em todos os momentos. Como pais, temos de deixar que nossos filhos nos vejam orando e lendo a Bíblia, porque é isso que fará que eles se apaixonem pelo nosso Deus.

Como pais e voluntários no ministério infantil, tão logo entendamos a responsabilidade que carregamos, nos tornamos sempre melhores, pois queremos que nossas crianças sejam melhores a cada dia, e isso é demais! Precisamos contar a elas sobre as experiências e revelações que tivemos durante nosso tempo com Deus, e deixar que elas também compartilhem as suas, estimulando-as a contar o que receberam durante seus devocionais.

Na Geração 5.2, durante as aulas da EPM (Escola Profética de Ministradores), iniciamos uma cultura de escolher uma criança por domingo para compartilhar um dia de seu tempo devocional. Após a primeira compartilhar, dissemos que queríamos honrar sua coragem presenteando-a com um lanche da lanchonete da igreja. As demais, empolgadas, perguntaram se repetiríamos isso toda semana, e dissemos que sim.

É lindo demais vê-las compartilhando o que Deus lhes revela. Nunca falamos quem será o próximo a falar, assim, todas têm de se preparar, até porque precisamos estar sempre prontos para ministrar a Palavra de Deus e dar testemunho do que temos vivido com o Senhor. Elas amam fazer isso. O melhor de tudo é que, muitas vezes, elas esquecem de nos cobrar o lanche, pois estão muito felizes por poderem compartilhar a Palavra e aquilo que receberam.

Estimule a leitura da Bíblia, mesmo antes de as crianças aprenderem a ler. Dê uma Bíblia, lápis e giz de cera para elas e deixem-nas marcar as Escrituras, assim como você faz. Elas se apaixonarão pelas Escrituras mesmo antes de entender tudo o que elas representam.

As crianças de nosso convívio precisam aprender que Deus é socorro bem presente, sempre que elas clamarem por Ele. Uma forma bem prática de eles aprenderem isso é: sempre que elas se machucarem, não tenha pressa de sair em busca de remédio, ore antes de usar o medicamento. Com essa atitude tão simples, elas aprenderão a buscar a Deus em primeiro lugar e em todas as situações. Isso trará uma cultura do Reino para dentro de sua casa e igreja.

Não busque ter uma casa ou um ministério religioso em que só se toca música *gospel* e só se assiste a filme *gospel*. Concentre-se em trazer a presença de Deus para a vida das crianças e promover uma cultura de intimidade com Deus. Busque ajudá-las a entender o poder da oração e do relacionamento com Deus.

Quando meu filho Matheus tinha 4 anos, em certa ocasião, estávamos recebendo visitas em casa. De repente, se fez um período de silêncio. Fui procurá-lo pela casa e o encontrei no banheiro. Ao abrir a porta, ele disse: "Mamãe, deu certo!". Olhei para ele sem entender e perguntei: "Deu certo o quê?". "Depois que usei o banheiro, precisava da sua ajuda, mas fiquei com vergonha de gritar seu nome, então orei e pedi para o Papai do céu chamar você! Quando eu disse 'em nome de Jesus, amém', você entrou no banheiro! Deu certo!".

O que fazer nesse momento? Falar para o seu filho que foi só uma coincidência? NÃO! Oramos juntos, ali mesmo, agradecendo a Deus pela oração respondida.

Uma outra história interessante que aconteceu na Geração 5.2 foi quando uma criança veio correndo em nossa direção e nos mostrou que estava com pó de ouro nas mãos. Suas mãos estavam brilhando muito e foi linda a maneira como ela veio tão feliz para nos mostrar o que havia acontecido. O que fazer nessa hora? Dizer que foi algo que ela estava segurando ou celebrar a sua fé e glorificar a Deus? Então, chamamos aquela menina para a frente e pedimos que ela orasse para que todas as crianças recebessem a mesma manifestação da presença de Deus ali. E, para a nossa felicidade e glória de Deus, muitas crianças começaram a ver suas mãos brilharem. Não apenas elas, mas os voluntários e todos na sala ficaram com pó de ouro nas mãos.

Explicamos às crianças que aquilo simbolizava a presença de Deus naquele lugar e que elas carregavam essa presença por onde quer que fossem. No dia seguinte, a mãe de uma das meninas que presenciaram esse fato, me mandou uma mensagem dizendo que, ao chegar em casa, sua filha havia lhes contado a respeito da experiência que vivenciou e estava feliz por ter visto pó de ouro em suas mãos. Contudo, seu irmãozinho de três anos, após ter ouvido a história da irmã, mostrou as mãos para sua mãe, que constatou que tanto as mãos dele como as de toda a família estavam com pó de ouro. Então, eles oraram e agradeceram a Deus pela demonstração de Sua presença manifesta para toda a família.

É importante frisar, contudo, que nem sempre acertaremos e seremos intencionais em todos os momentos. Isso é impossível. Muitas vezes erraremos, mas precisamos ter humildade para pedir perdão a Deus e às crianças. Elas também aprenderão a pedir perdão e a perdoar, se nos virem trilhando esse caminho. Elas também aprenderão sobre o amor e o perdão de Deus. Nossas crianças precisam aprender a perdoar aos outros e a si mesmas, e também a pedir perdão. E quem tem a incumbência de ensinar a elas tudo isso somos nós, por meio de nossas experiências, sejam elas bem-sucedidas ou malsucedidas; podemos aprender com nossos acertos, mas também com nossos erros. Por isso, se quisermos que nossas crianças aprendam, precisamos, muitas vezes, deixar que elas cometam erros.

Para apresentarmos Deus para elas, precisamos primeiramente entender quem Ele é em nós e por meio de nós. Pela intencionalidade, devemos procurar situações em que poderemos trazer o Deus vivo para a vida delas, começando o quanto antes, de preferência antes delas nascerem.

COLOCANDO EM PRÁTICA

Nesse momento, tenha em mãos um caderno e uma caneta. Em oração, peça que Deus o ajude. Releia este capítulo e anote O QUE deseja fazer ou ser. Anote tudo! Vá escrevendo enquanto o relê.

Depois de registrar o que quer, escreva POR QUAL motivo fará isso. Você precisa escrever A RAZÃO pela qual quer essas mudanças, pois isso trará clareza em sua mente.

Em seguida, escreva COMO fará para atingir essas metas. Monte estratégias simples para essas pequenas mudanças.

Oro a Deus para que, por meio do Espírito Santo, lhe dê boas ideias.

CAPÍTULO 4

O PONTO DE PARTIDA: O NOVO NASCIMENTO
APRESENTANDO JESUS PARA AS CRIANÇAS

JACKELINE HAYASHI

ACEITAR JESUS *VERSUS* O NOVO NASCIMENTO

O Brasil sempre foi um país cristão. Ao longo dos anos, apesar da diversidade religiosa e da separação entre Estado e religião por meio da constituição, protestantes e católicos sempre dividiram o palco da nação, com o maior número de fiéis. Desde o censo de 2010, contudo, o aumento do número de evangélicos em nossa nação tem surpreendido inclusive especialistas, que têm analisado e classificado a conversão protestante com novos parâmetros, agrupando-nos em categorias como evangélico praticante e não praticante. Ainda que, biblicamente, essas categorias não existam, é importante entendermos que há uma diferença brutal entre ser evangélico e ser um discípulo de Cristo. Embora, o número de pessoas que têm erguido a mão, em sinal de estarem aceitando Jesus seja crescente, a progressão na expansão do Reino não tem sido proporcional a esse crescimento, o que, na melhor das hipóteses, é bastante curioso.

Infelizmente, a expressão "aceitar Jesus" não tem ligação instantânea ou conexão direta com o novo nascimento, o que pode ser fatal para os mais desavisados. A palavra *aceitar* significa receber de boa vontade, admitir ou concordar. Quando a Bíblia nos apresenta Jesus como Salvador, não é suficiente apenas aceitá-lO; para herdar a vida eterna é necessário nascer de novo, já que podemos aceitar ou até mesmo admitir Jesus em nossa vida, mas não termos fé ou acreditarmos com todo o coração. Para nascer de novo precisamos de fé. Veja o que diz o evangelista em Marcos 16.16: "Quem **crer** e for batizado será salvo; quem, porém, não crer será condenado." (Grifo da autora).

O verbo "crer" também aparece em outras referências justaposta ao substantivo "fé", como em Mateus 13.8, por exemplo. Ou seja, aceitar Jesus não requer fé, mas viver a experiência do novo nascimento sim. Isso não quer dizer que pessoas que aceitaram Jesus como salvador não tenham tido o novo nascimento; até porque não somos nós quem julgamos as intenções do coração. Mas, muitas vezes, acabamos usando a palavra de forma errada. João 3 nos revela:

A isto, respondeu Jesus: Em verdade, em verdade te digo que, se alguém não nascer de novo, não pode ver o reino de Deus. Perguntou-lhe Nicodemos: Como pode um homem nascer, sendo velho? Pode, porventura, voltar ao ventre materno e nascer segunda vez? Respondeu Jesus: Em verdade, em verdade te digo: quem não nascer da água e do Espírito não pode entrar no reino de Deus. O que é nascido da carne é carne; e o que é nascido do Espírito é espírito. Não te admires de eu te dizer: importa-vos nascer de novo. O vento sopra onde quer, ouves a sua voz, mas não sabes donde vem, nem para onde vai; assim é todo o que é nascido do Espírito. (3.3-8)

O novo nascimento precisa ser ensinado da mesma forma que Jesus o transmitiu a Nicodemos; assim é que devemos ensiná-lo às nossas crianças. Nascer de novo não significa voltar à barriga da mãe, mas ter a chance de desfrutar uma vida nova no Espírito, já que, quando nascemos, estávamos mortos em nosso espírito.

POR QUE É IMPORTANTE VIVER A EXPERIÊNCIA DO NOVO NASCIMENTO?

As Escrituras nos ensinam que estávamos mortos em nossos delitos e pecados, o que mostra nossa necessidade de viver no Espírito: "Mas Deus, sendo rico em misericórdia, por causa do grande amor com que nos amou, e estando nós mortos em nossos delitos, nos deu vida juntamente com Cristo, — pela graça sois salvos" (Efésios 2.4-5).

Nos capítulos anteriores discutimos a respeito da trindade e da necessidade de nossas crianças saberem que, apesar de Deus ser um, Ele é composto de três partes, assim como nós, que somos feitos de corpo, alma e espírito. O novo nascimento acontece em nosso espírito. É por esse motivo que não podemos querer que nossas crianças apenas aceitem Jesus, mas que vivam a experiência do novo nascimento e ganhem, com ela, a consciência da vida nova que vem por meio de Cristo. Isso precisa ficar claro: elas precisam nascer de novo. Essa é a razão de as crianças precisarem tomar sua própria decisão de entregar a vida a Jesus, passarem pelo novo nascimento e receberem a nova vida que Ele oferece, mesmo que O conheçam desde o ventre materno.

Muitas vezes, os que nasceram em lares cristãos não lembram ou não confessaram publicamente a sua fé, entregando a vida a Jesus e passando pelo novo nascimento. Com certeza, muitos já tinham passado pelo novo nascimento, mas ainda assim é essencial estabelecer um marco para o momento em que nos posicionamos e confessamos publicamente que Jesus é o nosso Senhor.

Por isso é tão importante fazer a diferenciação entre o novo nascimento e o aceitar Jesus. De início, talvez soe apenas como uma maneira de se expressar ou uma possibilidade de sinônimo, mas isso pode confundir tanto adultos quanto crianças. Não queremos que elas simplesmente aceitem Jesus; queremos que elas experimentem o novo nascimento. Esse é o nosso chamado: ir por todo o mundo e pregar o evangelho a toda criatura, o que inclui crianças também.

Na época em que Jesus esteve fisicamente vivendo na Terra, muitos O conheciam, viam as maravilhas que Ele fazia, e até mesmo O seguiam para observar os próximos passos que daria, mas não haviam rendido a vida a Ele nem vivido a experiência do novo nascimento. Aceitar que Jesus existiu, morreu e ressuscitou não é suficiente, é preciso entregar a vida a Ele e nascer de novo. Este é o ponto de partida do mover profético e sobrenatural. Sem Jesus não há presença do Espírito Santo, e sem o Espírito Santo não há mover profético e sobrenatural.

O próprio Jesus nos ensina a importância de nascermos de novo, porque é a partir dele que herdamos o Reino de Deus e adquirimos a capacidade de enxergá-lo mesmo aqui na Terra.

COMO PODEMOS AJUDAR NOSSAS CRIANÇAS A VIVEREM A EXPERIÊNCIA DO NOVO NASCIMENTO?

A fé vem por ouvir a Palavra de Deus (Romanos 10.17). É a fé que nos leva a nascer de novo, ao verdadeiro arrependimento gerado pelo Espírito Santo e a fazer uma entrega completa de nossa vida ao Senhor.

Mateus 9 conta a história de Jairo e a ressurreição de sua filha. O versículo 18 é muito interessante: "Enquanto estas coisas lhes dizia, eis que um chefe, aproximando-se, o adorou e disse: Minha filha faleceu agora mesmo; mas vem, impõe a mão sobre ela, e viverá".

Aquele pai confiava em Jesus. Ele tinha fé e sabia que Jesus salvaria sua filha, por isso leva Jesus até onde a menina estava, proporcionando um encontro entre eles. Jairo sabia que sua filha precisava de um milagre e que isso só Jesus poderia realizar. Ele sabia que um milagre era tudo de que sua filha precisava naquele momento; ela precisava de Jesus. Estando perto de Jesus, durante aquela rápida conversa, Jairo pôde ouvi-lO dizer que tudo ficaria bem, que, na verdade, a menina estava apenas dormindo, mesmo que Ele soubesse que ela estava morta. Sem a fé de Jairo, Jesus não teria ressuscitado aquela menina.

Como pais e líderes, será que temos fé em Jesus? Será que estamos tão perto d'Ele que conseguimos ouvir o que Ele diz a respeito de nossas situações difíceis? Como pais ou voluntários do ministério infantil, será que estamos tão próximos de Jesus a ponto de poder ouvir a Sua perspectiva sobre uma criança que está dando trabalho ou está em dificuldade? Será que temos intimidade com Ele para poder levá-lO às nossas crianças?

Jairo levou Jesus até sua filha. Como temos levado Jesus até as crianças de nosso convívio? Será que somos intencionais ao fazer isso? Aquela menina havia ressuscitado, era impossível que ela duvidasse da existência de Deus e do poder de Jesus.

Como pais e voluntários no ministério infantil, todos os dias temos uma grande oportunidade de apresentar Jesus aos nossos filhos e às crianças às quais ministramos, não apenas para que saibam quem Ele é, mas para que experimentem o que Ele é capaz de fazer.

Um dos grandes problemas que temos é a nossa vontade de ter o controle de tudo em nossas mãos. Mas quando o assunto é o sobrenatural, o controle não está em nossas mãos, e sim nas mãos de Deus.

Para que nossas crianças experimentem o novo nascimento, precisamos levar Jesus a elas. Mas a pergunta é: Temos Jesus conosco? Temos fé que elas podem receber o novo nascimento por intermédio do Jesus que conhecemos?

Pare um pouco para pensar: Como está a sua vida espiritual? O Jesus de quem você fala é Aquele que está sempre ao seu lado? Você tem testemunhos para contar a suas crianças? Você tem fé? Se não tem, peça! Seja vulnerável à ação d'Ele. Ajoelhe-se agora e peça mais fé. Ore para ser um Jairo na vida de uma criança, para que Jesus possa ressuscitá-la dos mortos. Caminhe com Jesus diariamente e ouça o que Ele diz através da Palavra. Se temos Jesus conosco, temos também o Espírito Santo, e se Ele está conosco, em nossa sala no ministério infantil e em nossa casa, Ele fará acontecer. Ele sempre faz!

Há algum tempo, após um culto na turma das crianças de 4 e 5 anos, Ana, uma das meninas que frequentava as reuniões, tinha ido para casa muito pensativa naquele domingo. Ela, definitivamente, não conseguia entender como Jesus havia entregado a própria vida por ela, mesmo que Ele não tivesse feito nada de errado. Ela estava inconformada. O tempo inteiro ficava falando sobre isso e, quando não falava, pensava. Foi quando sua mãe resolveu nos ligar e perguntar o que mais poderia fazer. Queria saber se tínhamos alguma indicação de filme que pudesse facilitar o entendimento de Ana para a razão de Deus ter permitido que Jesus morresse. Ela havia entendido sobre o amor de Deus, mas não estava satisfeita, ela queria mais; queria entender o porquê Ele tinha de morrer. Ana só tinha 4 anos. Ela não conseguia entender a respeito do sacrifício, e muito menos sobre Jesus ser o Cordeiro de Deus. Nessa época, ela começou a manifestar um desejo profundo de ver Jesus com seus próprios olhos. Dizia que tinha certeza de que Ele era de verdade, mas que queria vê-lO mesmo assim. Passou, então, a abrir e fechar os olhos, esperando encontrá-lO todas as vezes que os abrisse, mas, aos poucos, percebeu que essa tática não funcionaria. Seus pais, por outro lado, começaram a ficar aflitos. Quem não ficaria? Assim, oramos e pedimos a Jesus que tivesse um encontro com aquele pequeno coração desejoso por Ele. Clamamos a Ele que o fizesse da melhor maneira, e esperamos.

Certo sábado pela manhã, Ana acordou e foi correndo até a cama dos pais. Ela estava muito feliz. Na verdade, muito mais do que esteve em qualquer outro dia. Então, ela chacoalhou seus pais e disse: "Mamãe, não é verdade que Jesus pode falar com a gente enquanto a gente dorme?". "Sim! É verdade. Mas o que aconteceu?", perguntou a mãe, tentando prever o que viria a seguir. Ana, sorrindo e quase não conseguindo falar, tamanha a empolgação, respondeu: "Jesus apareceu no meu sonho! Disse que Ele teve de morrer porque o Seu Papai O chamou! Ele tinha que ir para o Papai d'Ele! E disse também que era importante eu orar para falar com Ele. Mamãe, eu O vi! Eu O vi! Ele falou comigo e morreu porque tinha de voltar para o Papai d'Ele!".

Após aquelas palavras era difícil ter algo para responder, porém, sua mãe, na tentativa de reforçar o que a menininha havia dito, replicou: "Viu, Ana? Que lindo! Jesus disse que você tem que orar!". Então, Ana, rapidamente, retrucou: "Não, mamãe! Ele não disse que eu tenho de orar! Ele falou que era importante orar".

Uau! Jesus se encontrou com uma menina de 4 anos, respondeu suas perguntas e ainda lhe trouxe uma revelação. Ana não só aprendeu algo importante, como ensinou muitas pessoas por intermédio de seu testemunho. E, hoje, a história de Ana pode ensinar muito a você também, caro leitor. Assim como o próprio Jesus lhe disse, é importante orar, não apenas para nossa edificação pessoal, mas para que possamos ouvir de Deus aquilo que Ele tem para nós e para nossas crianças.

Levar o novo nascimento para as crianças é muito simples. Apresente Jesus e o plano da salvação para elas e deixe-as experimentarem quem Ele é. Depois pergunte quem quer ter esse Jesus no coração para sempre e ganhar uma vida nova. Faça a oração de entrega com as crianças e deixe Deus agir. Seja vulnerável ao agir do Senhor e ande por fé.

COMO MINISTRAR O NOVO NASCIMENTO

A ministração do novo nascimento não deve ser algo ensaiado ou decorado, precisa acontecer naturalmente, no decorrer da aula, mas, acima de tudo, quando estamos sensíveis à voz do Espírito Santo.

É importante frisar que a cada ministração de testemunho ou história bíblica podemos e devemos voltar a atenção de nossas crianças para Jesus. Através desses recursos devemos honrá-lO e engrandecê-lO, além de mostrá-lO às crianças, proporcionando momentos de ministração a respeito da salvação.

Todos os domingos, é imprescindível que sejamos intencionais, sempre reservando um momento especial para a ministração do novo nascimento; explicando o significado dessa experiência e perguntando se as crianças querem receber uma vida nova em seu espírito.

Caso a resposta seja positiva, é importante fazer, com elas, uma oração consciente, em que ela repita o que está sendo orado. Jesus nos ensina em Sua Palavra que das crianças é o Reino de Deus:

> Então, lhe trouxeram algumas crianças para que as tocasse, mas os discípulos os repreendiam. Jesus, porém, vendo isto, indignou-se e disse-lhes: Deixai vir a mim os pequeninos, não os embaraceis, porque dos tais é o reino de Deus. Em verdade vos digo: Quem não receber o reino de Deus como uma criança de maneira nenhuma entrará nele. (Marcos 10.13-15)

Por que o Reino de Deus pertence às crianças? Um dos motivos é por causa da fé que elas carregam. Enquanto são crianças, elas carregam uma fé sem religiosidade; nós somos aqueles que ensinamos a elas sobre religiosidade. Se falarmos para uma criança que ela precisa nascer de novo, ela não duvidará quando afirmarmos que elas receberam uma vida nova no espírito. Elas simplesmente creem. É por isso que o Reino pertence a elas. Erramos quando não apresentamos Jesus para as crianças e erramos quando não as levamos até Jesus. O Reino pertence a elas, o que quer dizer que elas têm fé para receber o Reino e se mover em intimidade e no sobrenatural como Jesus fazia.

Enquanto estivermos apenas brincando ou pintando desenhos com as crianças, estaremos tirando delas a oportunidade de viverem o novo nascimento, de terem um encontro verdadeiro com Jesus. Por isso, é essencial sermos intencionais em promover experiências das crianças com Jesus desde muito pequenas.

Quanto mais demorarmos para levá-las ao conhecimento de Cristo, mais elas se contaminarão com o mundo e mais seus coraçõezinhos ficarão endurecidos. Então, quanto antes elas tiverem a oportunidade de entregar a vida a Jesus e nascer de novo, melhor.

CRIANÇAS DE 2 A 5 ANOS – Nessa idade, as crianças não têm plena consciência a respeito de pecado ou condenação, e menos ainda da morte eterna. Mas elas têm fé. Muita fé. Se elas conseguem ter fé em Papai Noel, que é uma mentira, quanto mais no único Deus verdadeiro. Elas não sabem ler, o que não permitirá terem a Palavra como aliada, mas, por outro lado, se ministrarmos a elas, ensinando-as a abrir o coração para o agir de Deus, permitimos que Deus se mostre muito mais presente por meio de visões e encontros sobrenaturais. As crianças não precisam entender tudo para experimentar o sobrenatural, elas só precisam de fé. E isso elas têm. Quando falamos para uma criança de 2 a 5 anos que Deus pode curar e elas conseguem ver isso acontecendo, pronto. Está feito! A Bíblia nos diz que a fé vem pelo ouvir e ouvir a Palavra de Deus (Romanos 10.17). Logo, o que fazemos e falamos precisa ser a Palavra de Deus. Ao presenciarem testemunhos e milagres acontecendo, elas terão certeza de que Deus existe e que Jesus é real.

Na Geração 5.2, o ministério infantil de nossa igreja local, temos a cultura de sempre orar pelas crianças que estão doentes. Voluntários e as demais crianças da sala se unem em prol daqueles que estão com alguma enfermidade. Certa vez, uma de nossas crianças de 4 anos causou um grande susto em sua família, ao ter sua mãe chamada pela direção da escola em que estudava. Enquanto imaginava o que seu filho poderia ter feito de tão grave para que o diretor da escola a chamasse, ela lembrava a si mesma que se tratava de um bebê de apenas 4 anos de idade. Ao chegar à escola, o diretor a recebeu e logo perguntou: "A senhora e sua família frequentam alguma igreja?". A mãe consentiu. Então ele continuou: "Toda vez que uma criança cai e se machuca, seu filho corre até ela e faz uma oração pedindo a Deus que a cure. O impactante é que as crianças falam que realmente se sentem melhor e logo voltam a brincar. Agora, mais incrível que isso é o fato de, ultimamente, quando alguma criança se machuca, ao invés das demais procurarem os professores, procuram seu filho para que ele possa orar!".

Isso é manifestar o Reino de Deus. Um menininho de 4 anos levou o Reino para dentro de sua escola. Isso é lindo! Mas só foi possível porque os voluntários não olharam para ele como um menino de 4 anos, incapaz de entender, e sim como uma criatura que precisava experimentar o novo nascimento e ter um encontro com Deus.

Não podemos subestimar a capacidade de uma criança de conhecer e entender o plano da salvação.

CRIANÇAS DE 6 A 12 ANOS – Essa é a idade em que as crianças já estão saindo da primeira infância, o que permite que tenham consciência de seus erros e também estejam influenciando ou sendo influenciadas. Assim como nas outras faixas etárias, elas precisam urgentemente nascer de novo. Precisam de um novo coração; ter o coração de pedra trocado por um coração de carne. Porém, nessa idade elas já têm a maturidade cognitiva necessária para entender o plano da salvação. O nosso papel é proporcionar situações em que possamos falar e ministrar sobre o novo nascimento, criando um ambiente para que as crianças tenham consciência de seus pecados e da necessidade de um arrependimento genuíno, bem como da necessidade de terem uma nova vida. Nessa idade elas já entendem bem o funcionamento da Trindade e a Sua atuação em nossa vida. Precisamos ensiná-las a discernir as vozes que escutam, mas isso fica para o próximo capítulo.

Ao ministrar o novo nascimento é importante lembrar que a oração de entrega precisa ser feita em voz alta e clara, pois a Palavra diz: "Portanto, todo aquele que me confessar diante dos homens, também eu o confessarei diante de meu Pai, que está nos céus." (Mateus 10.32). Além disso, a Bíblia também nos ensina que: "Se, com a tua boca, confessares Jesus como Senhor e, em teu coração, creres que Deus o ressuscitou dentre os mortos, serás salvo." (Romanos 10.9).

ORAÇÃO DE ENTREGA – "Querido Deus, eu creio que Jesus veio para a Terra, morreu em meu lugar, mas ressuscitou para me salvar do pecado e da morte eterna. Hoje, eu entrego a minha vida a Ti e declaro que Jesus é o meu salvador e também o meu Senhor, o dono da minha vida. Eu recebo o Teu perdão e amor. Quero amar o Senhor para sempre. Muito obrigado porque hoje sou uma nova criatura; sou Teu filho amado. Em nome de Jesus, amém!".

Na Geração, sempre entregamos um certificado, uma certidão de novo nascimento para as crianças que tem esse marco em sua vida, justamente para que sempre se lembrem desse momento.

Quando apresentamos Jesus às crianças, e elas recebem o novo nascimento, o Espírito Santo começa a habitar nelas, o que as qualifica a manifestar a presença do Espírito de Deus a partir dali; afinal de contas, não existe Espírito Santo júnior.

CAPÍTULO 5
OS DONS DO ESPÍRITO

SARAH HAYASHI

A palavra "dom" significa "presente". Constantemente, nosso Deus manifesta Sua bondade e coração dadivoso por intermédio dos muitos presentes que nos dá. Contudo, nenhum deles foi tão grandioso e sacrificial quanto o Seu próprio Filho. Deus nos deu Jesus Cristo, que se tornou nosso Salvador, Amigo, Irmão, Redentor, Príncipe, Rei dos reis, e tantas coisas mais. Jesus, por outro lado, escolheu nos presentear com a Sua própria vida e sangue, recebendo o castigo pelos nossos pecados. Ele foi crucificado, morto, mas ressuscitou e voltou para junto do Pai.

Outro lindo presente que recebemos de Deus foi o Espírito Santo, que, por sua vez, nos trouxe nove presentes, ou dons, tudo isso por amor.

Entretanto, é importante lembrar que o maior dom é o amor. Deus é amor e foi por amor que Cristo nos deu a vida eterna e nos fez filhos de Seu Pai. Por amor, Deus enviou o Espírito Santo, o Consolador, que veio falar e comunicar a respeito de tudo o que ouve de Jesus Cristo e de Deus Pai. O Espírito Santo é o representante da Trindade que passa a habitar naqueles que se entregam a Jesus Cristo e O recebem no seu espírito, ou coração espiritual, como também costumamos chamar. É interessante porque, apesar de morar em nós, Ele se manifesta de diferentes formas e causa diversas sensações. Na Bíblia, o Espírito Santo aparece representado por diversos símbolos: pomba, água, vinho, azeite, luz, eletricidade, calor, brisa, vento, fogo (chamas ou labaredas).

Muitas pessoas já me perguntaram se é verdade que uns têm mais do Espírito Santo e outros menos, e a realidade é que sim. Isso porque tudo depende da fome e sede que alguém tem por Deus. Aqueles que quiserem e buscarem mais de Deus receberão, assim como os que buscarem menos receberão de acordo com sua fome. Se você quer ter mais do Deus Triúno, o seu espírito pode ficar cheio do Espírito Santo. Quando ficamos bem cheios do Espírito Santo e O desejamos mais, Ele se derrama e transborda a ponto de mergulhar nossa alma.

O falar a língua dos anjos pode ser a primeira manifestação sobrenatural do batismo no Espírito Santo. Geralmente, é o primeiro dom que se evidencia no momento em que a nossa alma é mergulhada no Espírito Santo. Ali, experimentamos a alegria de receber o primeiro dom ou presente do Espírito Santo: as línguas espirituais ou dos anjos.

É essencial lermos alguns textos das Escrituras que tratam dessa linda experiência a respeito da qual Jesus Cristo falou antes de ascender aos céus. Jesus prometeu aos seus discípulos que, depois que voltasse aos céus, enviaria um Consolador e ajudador, com poder para fazer milagres e revelar as qualidades excelentes de quem Deus é.

1. PALAVRAS DE JOÃO BATISTA SOBRE JESUS CRISTO, O CORDEIRO DE DEUS QUE TIRA O PECADO DO MUNDO:

"Eu vos batizo com água, para arrependimento; mas aquele que vem depois de mim é mais poderoso do que eu, cujas sandálias não sou digno de levar. Ele vos batizará com o Espírito Santo e com o fogo." (Mateus 3.11)

2. PALAVRAS DE JESUS CRISTO DEPOIS DA RESSURREIÇÃO, ANTES DE SUBIR AOS CÉUS:

A seguir, Jesus lhes disse: São estas as palavras que eu vos falei, estando ainda convosco: importava se cumprisse tudo o que de mim está escrito na Lei de Moisés, nos Profetas e nos Salmos... Eis que envio sobre vós a promessa de meu Pai; permanecei, pois, na cidade, até que do alto sejais revestidos de poder. (Lucas 24.44-49)

E, comendo com eles, determinou-lhes que não se ausentassem de Jerusalém, mas que esperassem a promessa do Pai, a qual, disse ele, de mim ouvistes. Porque João, na verdade, batizou com água, mas

> vós sereis batizados com o Espírito Santo, não muito depois destes dias [...] mas recebereis poder, ao descer sobre vós o Espírito Santo, e sereis minhas testemunhas tanto em Jerusalém como em toda a Judéia e Samaria e até aos confins da terra. (Atos 1.4-5,8)

Quando as pessoas vivem a experiência do batismo no Espírito Santo, passam a receber presentes ou dons que as capacitam a demonstrar o poder e o amor de Deus por intermédio do sobrenatural, isto é, uma capacidade espiritual que vai além de suas habilidades naturais.

Quando escreve aos coríntios, Paulo revela os dons. No capítulo 12 da primeira carta, ele compara a Igreja, o povo de Deus, a um corpo humano, cuja cabeça é Jesus Cristo. Ele apresenta o valor que cada membro ou cada parte do corpo tem, principalmente, quando se move nos dons do Espírito Santo. Em seguida, nesse mesmo capítulo, estão mencionados os dons do Espírito Santo e os dons de Jesus Cristo.

O capítulo 13 é o capítulo do amor. O amor de Deus deve ser o motivo e o fim de cada milagre. É um texto-chave para todos os cristãos, especialmente àqueles que querem operar nos dons do Espírito Santo.

Seguindo adiante, chegamos ao capítulo 14, onde Paulo mostra como comportar-se com respeito ao exercício dos dons do Espírito Santo, para não causar confusões.

OS NOVE DONS DO ESPÍRITO SANTO (1 CORÍNTIOS 12.8-10)

PALAVRA DE SABEDORIA

A sabedoria descrita em 1 Coríntios não é humana, isto é, não vêm da mente de um ser humano. É uma sabedoria superior, que tem base nas Escrituras Sagradas e é oferecida aos servos de Deus pelo Espírito Santo. É o que chamamos de sabedoria do alto, vinda diretamente do coração e da mente de Deus. Quando um cristão entrega para alguém a sabedoria de Deus de modo muito específico, a pessoa que recebe a oração ou as palavras recebe também direção, consolo ou novo ânimo.

Exemplo disso foi o que aconteceu certa vez com uma moça que estava muito aflita por não ter conseguido o emprego que desejava e de que tanto precisava. Pouco depois, recebeu uma palavra de sabedoria que dizia: "Não fique triste. Quando uma porta se fecha, significa que Deus quer abrir uma melhor e maior. Confie no amor e no poder de Deus, porque nada é tão difícil que Ele não possa resolver". Alguns dias mais tarde, ela foi chamada por uma outra empresa bem maior e melhor. Foi um conselho sábio e vindo do céu.

PALAVRA DE CONHECIMENTO

Este dom serve para revelar coisas, situações e fatos ocultos do presente ou do passado, de determinada pessoa e de outras relacionadas a ela.

Há algum tempo, uma senhora pediu uma oração. Um menino de 9 anos de idade, que tem o dom da palavra do conhecimento, a atendeu. Quando ela se aproximou do menino, ele disse: "Deus diz que você deve usar o seu primeiro nome. Ele diz também que as suas orações são muito poderosas, pois a senhora é corajosa". Ao ouvir aquelas palavras, ela ficou assustada, porque realmente não gostava de seu primeiro nome e, por isso, acabou optando por usar o outro. O menino, então, lhe perguntou: "Você sabe o significado de seu primeiro nome?". Como ela não sabia, rapidamente, ligaram o celular e foram consultar o *Google*. Para surpresa de ambos, o nome significava: "Mulher corajosa e de poder". Desde aquele dia, a senhora passou a se apresentar pelo primeiro nome e, conforme o menino havia dito, ela confirmou seu clamor pelo poder do alto.

FÉ

Todos os que tiveram a experiência do novo nascimento tiveram fé em Jesus Cristo e na obra do Calvário. Ou seja, todos os cristãos nascidos de novo receberam uma medida de fé, conforme Romanos 12.3.

Jesus Cristo fala a respeito dessa fé. Ele a compara a um grão de mostarda (Mateus 17.20). Todos que receberam essa medida de fé, devem cultivar essa semente por meio de uma vida de oração e leitura da Bíblia, envolvendo-se na igreja, compartilhando o amor de Deus por onde passam e servindo ao Senhor de todo coração.

O dom da fé, porém, é diferente da medida de um grão de mostarda. Quando alguém é batizado no Espírito Santo e recebe o dom da fé, ganha também uma capacitação de fé de outra dimensão e proporção. É um dom que opera no nível sobrenatural por intermédio de grandes milagres de Deus. Ou seja, a pessoa presenteada com esse tipo de fé chega onde muitos cristãos não conseguem chegar. É extraordinário.

Conheço algumas pessoas que precisavam vender uma casa. Tentaram fechar uma venda durante muito tempo, mas não conseguiram. Tentaram baixar o valor, pensando com isso atrair algum comprador interessado, mas não conseguiam vender o imóvel. Contudo, um rapaz, que tem o dom da fé, ouviu a conversa e disse com muita autoridade espiritual: "Só venderemos essa casa se alguém pagar R$ 420 mil". Ao ouvir isso, todos concluíram ser impossível, já que a casa valia R$ 360 mil. Mas, naquela mesma semana, apareceu uma pessoas interessada em adquirir a casa e ofereceu o valor de R$ 460 mil, à vista. O dom da fé faz o impossível acontecer para glorificar a Deus.

DONS DE CURAR

Este dom é apresentado no plural, pois há poder do Espírito Santo para a cura de diferentes tipos de enfermidades. Por exemplo: dom para curar coluna, dom para fazer desaparecer tumor de câncer, dom para curar alergias, dom para resolver problemas do aparelho digestivo ou respiratório e outros problemas específicos do corpo. Há também aqueles que têm a "especialidade" de curar a alma ferida e cheia de traumas, rejeições, complexos de inferioridade, insegurança, medo, pânico e outros. É o que chamamos de "cura interior".

É importante ressaltar que, conforme Jesus Cristo comissionou, Seus discípulos deviam impor as mãos e curar os enfermos. Com a imposição de mãos, acontecem muitas curas.

Conheço uma história muito linda que exemplifica perfeitamente o funcionamento particular desse dom. Uma senhora recebeu um dom específico para orar por problemas da mente e do cérebro. Ela orou por uma menina de 10 anos de idade, que tinha Síndrome de Down e não falava. Após a oração, ela profetizou que, até os 14 anos, a menina estaria falando e indo bem na escola. Desde aquela época, cada vez mais a menina está conseguindo falar. Ela teve o novo nascimento e foi batizada nas águas. Ela é realmente um amor de menina! Os seus pais também vieram para Jesus e estão muito contentes com o progresso que tem visto em sua filha.

OPERAÇÃO DE MILAGRES

Quem tem este dom, como a própria Palavra diz, é capaz de realizar milagres muito impressionantes, como por exemplo, fazer surdos ouvirem, mudos falarem, cegos enxergarem, fazer aparecer órgãos no corpo, entre outros. Também pode realizar milagres nas circunstâncias, fazendo chover, interrompendo a chuva, fazendo aparecer algo que foi perdido etc.

Convivi durante muitos anos na companhia de uma missionária que ia frequentemente a Gana, na África. Em uma de suas viagens, ela visitou um lugar onde viviam apenas leprosos. Por causa da doença, algumas dessas pessoas não tinham mais nariz, orelha, dedos nas mãos e pés. Em certo momento, ela impôs as mãos e disse: "Em nome de Jesus Cristo!". Apenas isso. De repente, apareciam no corpo das pessoas orelha, nariz, dedos, e tudo era restaurado. Deus usou tremendamente a vida dessa mulher para se mover nesse tipo de milagre. O Senhor seja louvado.

PROFECIA

A pessoa presenteada com esse dom, passa a falar o que está na mente e no coração de Deus, conforme a revelação do Espírito Santo. Não são palavras de sua própria mente, sentimentos ou algo que já sabia a respeito de alguém ou das situações que viveu ou esteja vivendo. Deus usa a pessoa que recebeu o dom, para falar palavras que edificam, confortam ou exortam (levantar o ânimo de) a quem Deus quer falar.

Aquele que carrega o dom de profecia não é necessariamente um profeta ou uma profetiza, e sim **uma pessoa profética**. Qualquer cristão batizado no Espírito Santo pode e deve profetizar para trazer o coração e mente de Deus Pai para a Terra. Por outro lado, um profeta, ou uma profetiza, é um cristão que recebeu um dom de Jesus Cristo (e não somente o dom do Espírito Santo) e tem responsabilidade maior e mais intensa.

O dom da profecia pode ser uma continuação ou aprofundamento de outros dons, como o da palavra do conhecimento, de sabedoria, de curar, de interpretação de línguas espirituais e outros.

Certa ocasião, um menino de 10 anos disse a um casal: "Deus está dizendo: 'Elizabete'". O casal começou a chorar, porque desejava muito engravidar e ter uma menina, e tinham escolhido esse nome caso, de fato, nascesse uma menina. Ambos passavam por um período em que andavam muito tristes porque não conseguiam engravidar, mesmo tentando por muito tempo. A profecia que o menino proferiu confortou o casal e ativou neles a fé, trazendo-lhes a convicção de que teriam uma filhinha. Um ano mais tarde, Elizabete nasceu. Louvado seja o Senhor!

DISCERNIMENTO DE ESPÍRITOS

Por intermédio desse dom, o Espírito Santo revela as três classes de espíritos: de Deus, dos homens e de Satanás e seus demônios. Quanto mais maduro esse dom se tornar na vida do cristão, mais ele poderá ajudar as pessoas em situações quando há necessidade de saber se o que está em ação é o Espírito de Deus, dos homens ou do diabo. Com ele, muitos podem ser ajudados, sem cair nas armadilhas demoníacas.

Aquele que carrega esse dom, também traz direção divina para os momentos em que Deus quer atuar. Em outras palavras, basicamente, a pessoa que tem o dom de discernimento de espíritos distingue quem está agindo por trás das situações: Deus, homens ou o diabo.

Esse dom pode funcionar por intermédio de visões abertas, visões no espírito, de cheiros, sejam bons ou ruins, além de sensações ou incômodos no coração, como por exemplo a paz ou a falta dela. Esses são apenas alguns dos meios que o Espírito Santo escolhe para falar conosco, porém, vale lembrar que as formas são infinitas.

Muitos cristãos, e mesmo não cristãos, têm sido enganados pelo espírito humano (que pode ser "amoroso", manipulador ou bajulador) e pelo diabo, que vem vestido como anjo de luz, usando o poder de encantamento ou feitiçaria. Por isso, este dom é extremamente necessário, especialmente nestes últimos tempos. Jesus Cristo avisou antecipadamente que nos últimos dias haveria muitos falsos profetas.

Há muitos que perguntam como é possível distinguir se uma profecia, uma pessoa profética, um profeta ou uma profetiza são falsos ou verdadeiros. A verdade é que Jesus alertou seus discípulos, dizendo que deviam estar atentos e observassem os frutos, porque por eles conheceriam a árvore. Os verdadeiros proféticos, profetas e profecias são conhecidos pelo fruto do Espírito Santo: amor, paz, alegria, longanimidade, bondade, benignidade ou gentileza, fidelidade, mansidão e domínio próprio.

Muitos enganos acontecem mesmo com cristãos altamente honestos e sinceros. Muitos problemas poderiam ser evitados se houvesse nas igrejas, e em todo lugar, mais pessoas com esse dom. Mais do que nunca, é preciso que os cristãos busquem e desenvolvam esse dom.

VARIEDADE DE LÍNGUAS

Quando um cristão é batizado no Espírito Santo, recebe uma língua dos anjos.

Em sua primeira carta aos coríntios, o apóstolo Paulo chama de "línguas dos anjos" a língua espiritual que comumente as pessoas recebem ao serem batizadas no Espírito Santo (Veja capítulo 13). Ela é a primeira manifestação sobrenatural, já que aquele que fala nunca havia aprendido antes e nem sabe o seu significado. Com o tempo, os batizados no Espírito Santo podem receber uma variedade de línguas angelicais ou espirituais. Eles perceberão que uma língua vem quando louvam, outra quando entram em guerra espiritual, outra quando intercedem com profunda dor e assim por diante, conforme o Espírito Santo dirigir.

Há também, cristãos que recebem variedade de línguas terrenas. Por exemplo, já conheci um americano que falou espanhol e nunca tinha aprendido essa língua. Apesar de raro, vemos isso acontecer, como sucedeu em Atos 2, quando sobrenaturalmente os discípulos de Cristo falaram línguas de povos diferentes que chegaram no ambiente em que o mover sobrenatural estava acontecendo.

Logo que fui batizada no Espírito Santo, fui visitar uma igreja pentecostal. Os pastores me colocaram para orar por enfermos e profetizar. Ao meu lado estava um homem estrebuchando no chão, e os líderes, um após o outro, não conseguiam expulsar os demônios e libertá-lo. Meu coração se despedaçava de compaixão, mas, naquele momento, eu orava pelos enfermos. Pouco depois, a pastora me disse para ir até aquele homem e expulsar os demônios. Clamei a Deus que me usasse, pois sentia muita compaixão por ele. Foi quando, de repente, comecei a falar uma língua espiritual muito diferente da que eu estava acostumada. Ela era gutural e a minha voz ficou extremamente grossa. Não demorou muito, aquele homem foi totalmente liberto e sentou-se, calmo e em paz. Ali, entendi que eu tinha recebido uma língua espiritual específica para expulsar o diabo e seus demônios, e até hoje ela vem espontaneamente quando entro em guerra espiritual.

INTERPRETAÇÃO DE LÍNGUAS

Este dom capacita a interpretar línguas espirituais pelo poder do Espírito Santo. Pode ocorrer no momento em que oramos ou cantamos em línguas espirituais. Essa interpretação é um entendimento sobrenatural a respeito de algo que Deus está fazendo ou falando.

Bem no início de meu ministério, durante um culto de domingo, entrou uma senhora que cantarolava em línguas espirituais sem parar. Lembrei-me de 1 Coríntios 14.27, que ensinava a respeito da necessidade de haver ordem durante as reuniões. Quando uma pessoa falava em línguas espirituais em voz alta e sozinha, devia haver interpretação. Por isso, na hora em que aquela senhora começou a falar e cantar sem parar, clamei ao Espírito Santo que me desse a interpretação. Ele me deu e pude falar em voz alta para que toda a igreja entendesse. Após o término do culto, dei algumas direções àquela pessoa sobre os momentos certos para cantar e falar em línguas, evitando confusão desnecessária. Naquele culto, eu tivera uma oportunidade forçada, mas recebi esse dom de interpretação que, às vezes, ainda opera em mim.

Estes são os nove dons do Espírito Santo. Dificilmente uma pessoa terá todos os dons, mas é comum cristãos terem alguns dons, sendo que um deles é o principal ou dominante, e outros menos constantes. Contudo, não podemos nos esquecer da declaração de 1Coríntios 13: o maior dos dons é o amor. Dons podem falhar, profecias podem acabar, mas o amor de Deus dura para sempre. O Seu amor é ágape, que em grego significa "o amor perfeito e sacrificial". Sem o amor ágape, os dons podem até operar maravilhas, mas não trazem louvores e glórias a Deus, e os resultados não duram eternamente. É necessário que tenhamos o amor ágape para que os dons do Espírito Santo resultem em obras que alegrem o coração do nosso Deus eternamente. Tudo é d'Ele, por Ele e para Ele. Glórias e louvores ao nosso maravilhoso Senhor Deus!

CAPÍTULO 6

O BATISMO NO ESPÍRITO SANTO

LUCAS HAYASHI

O substantivo "batismo" significa "mergulhar ou imergir em algo", que é exatamente o que acontece com um cristão que é batizado no Espírito Santo, ou seja, é mergulhado n'Ele. Esse tipo de batismo é uma experiência enviada por Jesus Cristo e prometida por Deus Pai, o que nos permite afirmar, portanto, que é uma obra da Trindade. Embora o batismo seja no Espírito Santo, podemos entender que existe a participação dos Três, revelando mais uma vez a honra e a vida que fluem dessas três Pessoas.

Em Atos 1, Jesus pediu que seus discípulos não se ausentassem de Jerusalém, até que recebessem a promessa do Pai, que era o batismo no Espírito Santo (Atos 1.4-5). Isso quer dizer que o **permanecer** em Jerusalém precede o **derramar** do Espírito Santo, em cumprimento à promessa de Deus Pai, que Jesus mencionara. Um dos significados do nome Jerusalém é "temor de Deus". Quando permanecemos temendo e buscando a Deus, caminhamos cada vez mais em direção ao batismo no Espírito Santo.

É crucial entendermos que para ser cheios da presença do Espírito Santo precisamos depender da Trindade, mas também perseverar em oração e em busca constante pelo temor de Deus, com os irmãos. Foi em um ambiente assim que o Espírito Santo foi derramado: eles permaneceram em Jerusalém, ou seja, no temor de Deus.

Neste ponto, é essencial dizer que o batismo no Espírito Santo é uma necessidade para o desenvolvimento da vida espiritual, além de ser o que promove o mover profético e sobrenatural. Sem ele, os moveres dificilmente são destravados; com Ele, os dons do Espírito são liberados facilmente. Por isso, é importante deixar claro que uma coisa é ter a salvação e outra é transbordar do Espírito Santo. A primeira, diz respeito ao novo nascimento — ou uma nova vida no espírito — que, por meio da aliança feita com Jesus, permite que o Espírito Santo passe a habitar dentro daqueles que creem com o coração e confessam com a boca. Entretanto, no segundo caso, quando somos inundados a ponto de transbordar, começamos a experimentar o céu invadindo a Terra por intermédio da nossa vida. Nessas circunstâncias, o Espírito de Deus transborda do nosso espírito para nossa alma, inundando sentimentos, emoções, raciocínio, intelecto, personalidade, imaginação etc. Muitas vezes, até o nosso corpo físico é tomado pelo poder desse transbordar do Espírito Santo.

PARA QUE SERVE O BATISMO NO ESPÍRITO SANTO?

Diferentemente de hoje, nos tempos do Antigo Testamento, apenas algumas pessoas recebiam o Espírito Santo ou eram cheias d'Ele. Quando os reis eram escolhidos e consagrados, eram ungidos com azeite ou óleo, que é uma das figuras representativas do Espírito Santo. Entretanto, aquela cerimônia do derramamento de azeite sobre a cabeça dos escolhidos não era apenas figurativo, e sim espiritual, já que eles literalmente eram cheios e possuídos pelo Espírito Santo. Vemos isso acontecer na vida de Saul e de Davi quando foram ungidos para reinar em Israel.

O rei tinha a função de governar e liderar a nação, mas também desempenhava um papel militar na segurança de seu reino. Acompanhado do exército, ele saía à guerra e sob seu comando os soldados avançavam, retrocediam, atacavam, destruíam os inimigos e tomavam ou não os despojos. Seu papel era extremamente importante do ponto de vista político, mas também da proteção e conquista de novas terras para seu país.

Na época do Antigo Testamento, além dos reis, outra categoria que também recebia e tinha acesso ao

Espírito Santo eram os profetas. O profeta era aquele que ouvia diretamente a voz de Deus e atuava como Seu porta-voz diante do povo. Em outras palavras, ele tinha a incumbência de expressar a mente e o coração de Deus para toda a nação, incluindo autoridades políticas e religiosas de seu país, e, muitas vezes, até mesmo de outras nações.

O sacerdote também recebia o Espírito Santo de Deus e era um dos encarregados de trazer a presença de Deus para o povo, além de ser um mediador entre Deus e o povo e vice-versa, tornando-se o responsável espiritual pela nação.

Naqueles tempos, tanto reis quanto profetas e sacerdotes não apenas eram cheios do Espírito Santo, mas eram também dependentes d'Ele para cumprir suas funções, ou seja, para cumprir o chamado de Deus em sua vida.

DEUS CHAMA CADA UM DE NÓS PARA SERMOS REIS, PROFETAS E SACERDOTES

Todo cristão tem este chamado de Deus em sua vida: ser reis, sacerdotes e profetas na Terra; logo, todos precisamos ser cheios do Espírito Santo, porque só por intermédio d'Ele seremos capacitados a cumprir o chamado e o destino divino que Deus nos reservou. A Bíblia declara a nosso respeito: "Vós, porém, sois raça eleita, sacerdócio real, nação santa, povo de propriedade exclusiva de Deus, a fim de proclamardes as virtudes daquele que vos chamou das trevas para a sua maravilhosa luz." (1Pedro 2.9).

O mais interessante é que na Bíblia, a primeira pessoa a ser cheia do Espírito Santo não foi um rei, um profeta ou um sacerdote, mas um artista! Um jovem chamado Bezalel (Êxodo 31). Ele foi responsável por elaborar desenhos em ouro, prata e bronze, para lapidação em pedras e entalhes de madeira para o tabernáculo, cuja planta Deus entregara a Moisés. Além disso, ele também era incumbido de ensinar a outros toda obra de engenharia e bordado. Ele era um profissional da área das artes, engenharia e arquitetura. Bezalel não era um homem eclesiástico, mas teve de ser cheio do Espírito para cumprir funções relativas ao tabernáculo.

A Palavra nos revela que Bezalel foi cheio do Espírito Santo e capacitado com inteligência, excelência e criatividade. Isso demonstra que, independentemente da área em que nossas crianças forem atuar — artes, entretenimento, comunicação, mídia, governo, política, educação, ciência, saúde, economia, negócios, família ou Igreja —, todas precisam ser cheias do Espírito Santo para cumprir seus chamados em suas esferas específicas de atuação. Elas são chamadas para ser realeza, e, assim como os reis tinham a função de governar, elas também são chamadas para liderar as esferas em que estarão inseridas.

Liderar nada mais é do que influenciar. Em todas as áreas da sociedade, temos vivido momentos de caos, injustiça, desesperança e corrupção. Se nossas crianças crescerem posicionadas e cheias do Espírito Santo, elas trarão soluções criativas, inovadoras e sobrenaturais para o caos existente neste mundo. Aquele que é capaz de prover solução torna-se o líder ou alguém de referência para aquela esfera da sociedade. A solução sempre vem de uma ideia inovadora, uma das qualidades que vem por intermédio do batismo no Espírito Santo. Assim, nossas crianças influenciarão a sociedade, trazendo soluções efetivas, inspiradas pelo Espírito Santo.

O **rei** também destrói o inimigo no campo de guerra, liderando a força militar de seu povo. Mais e mais o inimigo tem se levantado e tentado ocupar as várias esferas da sociedade. Nossas crianças, cheias do Espírito Santo, são aquelas que destronarão o inimigo e ocuparão os lugares altos de influência na sociedade e nação.

Somos chamados para levantar uma geração de crianças **proféticas**; crianças que desde pequenas saberão ouvir a voz de Deus e discerni-la da voz do inimigo e do homem. Se forem equipadas desde bem pequenas, basearão suas decisões no temor de Deus, que é fruto de um relacionamento íntimo com o Espírito Santo, e não naquilo que as pessoas disserem nem por temer a homens. O profeta, além de ouvir e entender o que Deus fala, também discerne os tempos, sabendo a hora e o momento certo das coisas acontecerem. Muitos erros são causados não pelo fato de ser algo errado em si, mas, muitas vezes, por ser a coisa certa realizada no momento impróprio, o que acaba gerando a equação: a coisa certa + a hora errada = algo errado.

Nossas crianças precisam aprender a ouvir a voz de Deus para se tornarem aquelas que apontarão o destino da sociedade, baseado no que está na mente e no coração de Deus e não no que as circunstâncias mostrarão. Cada vez mais, o mundo tem carecido de restauração, edificação, encorajamento, consolo, conforto e exortação, e nós temos essa resposta por meio da profecia.

As Escrituras nos garantem também que somos **sacerdócio real**. O sacerdote tinha o papel de trazer a presença de Deus, Seus princípios e valores, não apenas em palavras, mas principalmente por intermédio de atitudes.

A presença de Deus é o mais importante em nossa vida e, por isso, é nela que tudo deve estar fundamentado e centrado. No jardim do Éden não havia pecado. Havia, sim, um relacionamento face a face com Deus. Nos dias atuais, precisamos trazer essa realidade para nossa vida, nossa família e até mesmo para nossa nação. Quando o homem saiu da presença de Deus e, consequentemente, do jardim do Éden, foi que a desgraça passou a todas as áreas como resultado da ausência de Deus.

Na presença de Deus, porém, existe alegria perpétua, prazer eterno e novos começos. O melhor lugar onde o ser humano pode estar é no epicentro da perfeita vontade de Deus. E essa vontade era, é e sempre será que o homem esteja constantemente em Sua presença, tendo um relacionamento profundo e íntimo com Ele.

Quando discipulamos crianças, nosso papel é inspirá-las e ensiná-las a terem um relacionamento íntimo com Deus e a sempre estarem no centro de sua vontade perfeita, o que só será possível quando estiverem cheias e transbordantes do Espírito Santo. No momento em que se firmarem no andar no Espírito, elas cumprirão a vontade perfeita de Deus e não darão espaço para as concupiscências da carne. Além disso, produzirão o fruto do Espírito Santo e não as obras da carne.

COMO MINISTRAR O BATISMO NO ESPÍRITO SANTO PARA CRIANÇAS?

O *primeiro passo* necessário para ministrar o batismo no Espírito Santo é a compreensão e experiência do novo nascimento. Caso a criança já tenha essa convicção, a segunda etapa desse processo é a explicação a respeito da Trindade, conforme descrevemos no primeiro capítulo deste livro.

Entretanto, se a criança não tiver passado pela experiência do novo nascimento, não tiver entregado a vida a Jesus e O aceitado como Senhor e Salvador, recomendamos ajudá-la a compreender o sacrifício de Jesus na cruz, contando-lhe a respeito do plano da salvação.

O *segundo passo* é fazê-la entender a necessidade da pessoa do Espírito Santo em sua vida. Explique que, quando estava aqui na Terra, Jesus não fazia nada que não fosse por intermédio do poder do Espírito Santo. Os milagres, as curas e todos os ensinamentos que Ele ministrou aqui, tiveram a participação ativa do Espírito Santo.

Vivemos em um mundo falido, o que faz que o nosso andar diário ainda seja cheio de falhas, consequência das nossas más escolhas. É bem verdade que precisamos produzir as obras de Jesus — seus milagres, curas, sinais e maravilhas —, mas, talvez ainda mais do que isso, precisamos ter o Seu caráter, que é demonstrado por intermédio de nossos sentimentos, atitudes, pensamentos e até emoções. Em ambos os casos, necessitamos do transbordar do Espírito Santo. Porque é quando Ele transborda do nosso espírito e invade a nossa alma que somos transformados radicalmente — sentimentos, emoções, intelecto, caráter, consciência etc. —, e podemos ser usados por Ele.

Quando passamos pelo novo nascimento, é como se fôssemos um copo vazio, que a partir dali passa a ser preenchido com a água — uma das representações do Espírito Santo. O copo carrega a água, que pode ser levada para a cozinha, para o quarto, para a sala e quaisquer outros lugares. Neste caso, o copo determina para onde a água vai. Nós carregamos o Espírito Santo quando experimentamos o novo nascimento, o que nos assegura que para onde nós formos e onde estivermos, o Espírito Santo estará também, pois o carregamos dentro de nós e podemos levá-lO conosco sempre, para os lugares que quisermos.

No momento em que o copo de água é lançado ao mar, não é mais o copo que carrega a água, e sim a água do mar que carrega o copo, e ele vai para onde a água do mar o direcionar. Quando somos batizados no Espírito Santo, Ele nos dirige para onde devemos ir, determinando o nosso destino. A partir desse momento, Ele é quem nos guia. Essa ilustração traz um pouco de clareza e diferencia aquele que tem o Espírito Santo, daquele que recebe o batismo no Espírito Santo.

Muitas vezes, no momento em que recebemos o batismo no Espírito Santo, os dons do Espírito são liberados, a partir daí o mover sobrenatural começa a se tornar mais palpável e habitual, e o fruto do Espírito começa a nascer e se tornar evidente.

Quando a criança compreende o batismo no Espírito Santo, passa a sentir e perceber a sua necessidade, criando o desejo de ser batizada no Espírito Santo. Esse é o momento em que precisamos direcioná-la para que comece a pedir a Deus que a batize. Como o Espírito Santo é uma pessoa da Trindade, não uma força ou poder, ensinamos as crianças a pedirem que Ele venha e as inunde por completo — espírito, alma e corpo. E, quando pedimos que o Espírito Santo desça sobre nós, às vezes Ele vem de maneira suave como uma pomba, outras vezes nos enche como fogo, nos fazendo queimar de paixão por mais de Jesus.

Enquanto estava na Terra, Jesus disse que se Ele não fosse para o Pai, o Espírito Santo não poderia vir. Se Jesus não desse espaço para o Espírito Santo, Este nunca seria indelicado de empurrar Jesus para fora de cena, a fim de abrir caminho para vir até nós. Por isso, costumamos dizer que o Espírito Santo é cavalheiro e gentil. Ele não chuta ou arromba a porta para forçar Sua entrada. Quando O deixamos vir, damos espaço para que Ele faça o que quiser. Então, pedimos que Ele, por favor, venha e nos inunde.

No momento em que somos batizados no Espírito Santo temos a grande oportunidade de receber dons do Espírito, que são presentes que Ele nos dá. Todos os dons são para edificação do Corpo de Cristo; com exceção do orar em línguas, que edifica somente aquele que ora, se não houver interpretação (1Coríntios 14.4,5). A Palavra nos diz que este é o dom que precisamos para ser constantemente edificados em nosso espírito e fé. Por isso, cremos que é vontade de Deus presentear todos os Seus filhos com esse dom.

Quando a criança já tem o novo nascimento, tem a noção de quem é o Espírito Santo e passa a sentir a necessidade de tê-lO transbordando do seu espírito para sua alma e corpo. Então, a direcionamos para a busca, por meio de petição e clamor a Deus, pelo batismo no Espírito Santo. Assim a incentivamos a fechar os olhos, a fim de se concentrar em Deus, a começar a agradecer a Deus pelo Espírito Santo, e por fim, a pedir o Espírito Santo de forma mais intensa.

Sempre aconselhamos as crianças a ficarem atentas aos seus corpos, pois, muitas vezes, elas começam a ser tocadas pelo Espírito Santo de diversas maneiras. Orientamos também que elas se abram para Ele e deixem-nO vir do modo como quiser e não da maneira que nós determinamos ou imaginamos. Aos poucos, enquanto as crianças estão pedindo e clamando pelo batismo no Espírito Santo, começamos a perguntar a elas o que elas estão sentindo e, das mais inusitadas formas, vemos a manifestação do Espírito Santo e o Seu transbordar na vida delas. Muitas recebem dons de falar em línguas angelicais, enquanto outras são inundadas com o Espírito, recebendo outros dons distintos.

Dentro disso, é imprescindível nos lembrarmos do texto de Zacarias 4.6: "... não por força, nem por violência, mas pelo meu Espírito, diz o Senhor dos Exércitos". O batismo não vem por nossa força, muito menos por meio de manipulações, mas conforme a vontade do Senhor.

Algumas vezes as crianças pedem para ser batizadas no Espírito Santo, mas não são. Nesse caso, temos que ensiná-las que as coisas não funcionam no nosso tempo, mas de acordo com o cronograma de Deus, e que cada uma receberá o batismo conforme a vontade d'Ele e momento perfeito. Assim, evitamos frustrações e manipulações, e deixamos que o Espírito Santo faça o que só Ele pode fazer, da maneira que Ele quiser fazer.

CAPÍTULO 7

DESENVOLVENDO O CARÁTER DE CRISTO

JACKELINE HAYASHI

Quando falamos de um mover profético sustentável é impossível tirar de cena o caráter de Cristo, pois é ele, formado em nós, que não deixará que soberba, hipocrisia, concupiscências da carne e quaisquer outras tentações e pecados impeçam o desenvolvimento do mover profético em nós.

Mas como é possível ter o caráter de Cristo em nós? Como ajudar as crianças a desenvolvê-lo? Como ajudar pais, educadores e voluntários do ministério infantil a entenderem a importância de formar o caráter de Cristo nas crianças? Essas são as perguntas que tentaremos responder ao estudar a Palavra de Deus juntos, e, para isso, é importante que, antes, respondamos a outras três perguntas:

1. O que é ter o caráter de Cristo?
2. Por que é importante ter o caráter de Cristo?
3. Como podemos ter o caráter de Cristo?

O QUE É TER O CARÁTER DE CRISTO?

O substantivo "caráter" significa um conjunto de características que, sendo boas ou más, distinguem uma pessoa, ou um povo. Em outras palavras, ser como Jesus é ter Suas características.

Em Gálatas 5, a Bíblia descreve o fruto do Espírito Santo, que tem ligação direta com o caráter: amor, alegria, paz, longanimidade, benignidade, bondade, fidelidade, mansidão e domínio próprio. A existência do fruto revela o andar na presença do Espírito Santo. Já a manifestação dos dons demonstra o poder do Espírito Santo que o nome de Jesus carrega.

É interessante observar que o ministério de Jesus só começou após o Seu batismo e a descida do Espírito Santo sobre Ele. O andar constante no Espírito Santo faz que produzamos o fruto do Espírito Santo. Um pé de laranja não se esforça para produzir laranja, ele produzirá laranja naturalmente, se a semente plantada tiver sido de laranja. Da mesma maneira, o fruto do Espírito será produzido em nós se tivermos a semente correta plantada em nosso interior e se o Espírito Santo tiver liberdade para crescer e produzir o Seu fruto em nossa vida.

Ainda no capítulo 5 de Gálatas, Paulo discorre sobre a necessidade de andarmos no Espírito e não retrocedermos para uma vida carnal. A mensagem do capítulo é uma resposta final ao início do assunto relatado no capítulo 3, onde Paulo confronta os gálatas por estarem sendo insensatos, deixando a fé e voltando para a lei (Gálatas 3.1-5). Ou seja, por meio de suas tentativas de voltarem ao jugo da lei, eles estavam anulando o sacrifício de Jesus. Paulo, então, os confronta fazendo que se lembrem de como foram salvos da morte e da identidade deles em Cristo: "E, se sois de Cristo, também sois descendentes de Abraão e herdeiros segundo a promessa." (Gálatas 3.29), e os chama de volta a uma vida de fé em Jesus (Gálatas 3.13-24).

A fé é um ponto importante para o desenvolvimento do caráter de Cristo em nós. Ela é o que nos permite entender a nossa filiação. Filiação tal, que Deus enviou o Espírito Santo para habitar em nosso coração e clamar: "Abba Pai!"; de sorte que já não somos mais escravos da lei, mas filhos, além de herdeiros de Deus (Gálatas 4.1-6) e co-herdeiros com Cristo (Romanos 8.17).

Algo essencial que precisamos entender é que para um fruto ser produzido é necessário tempo de crescimento, ou seja, o desenvolvimento do caráter de Cristo é uma questão de maturidade espiritual, diferente da manifestação dos dons. Dons são presentes, e por isso, não podem ser avaliados isoladamente como sinal de maturidade espiritual. O ideal é que tenhamos pessoas que manifestem os dons e também demonstrem maturidade espiritual por intermédio do fruto do Espírito Santo.

A maturidade espiritual não tem a ver com tempo de conversão, mas com o fato de permitirmos Cristo ser formado em nós, a partir do momento que dedicamos tempo para que as sementes da Palavra cresçam em nós por meio de nosso tempo diário de qualidade com Ele. Lendo a Bíblia, tendo tempo de oração (oração com entendimento e oração no Espírito) e ouvindo a voz do Espírito Santo, andaremos no Espírito e crucificaremos a carne, com suas paixões e concupiscências (Gálatas 5.24-26).

A formação do caráter de Cristo tem de ser vista como o crescimento de uma árvore. No Salmo 1, as Escrituras nos revelam o que acontece quando estamos junto a correntes de águas, ou seja, perto do fluir do Espírito Santo:

> Ele é como árvore plantada junto a corrente de águas, que, no devido tempo, dá o seu fruto, e cuja folhagem não murcha; e tudo quanto ele faz será bem-sucedido. Os ímpios não são assim; são, porém, como a palha que o vento dispersa. Por isso, os perversos não prevalecerão no juízo, nem os pecadores, na congregação dos justos. Pois o SENHOR conhece o caminho dos justos, mas o caminho dos ímpios perecerá. (Salmos 1.3-6)

Uma árvore bem regada produz bons frutos no seu tempo determinado e é por esses frutos que o caráter de uma pessoa pode ser mensurado, bem como a presença do Espírito Santo nela. Em diversas passagens, Jesus comentou a respeito da necessidade de frutificação para os que estão n'Ele. Não temos como permanecer em Cristo e não frutificar. São os frutos que demonstrarão o tipo de ramo que somos e a árvore a que pertencemos. O tempo é um fator que demonstrará a maturidade espiritual, isso significa que não é da noite para o dia que os frutos aparecerão.

POR QUE É IMPORTANTE TER O CARÁTER DE CRISTO?

No Sermão do Monte, Jesus nos ensina muito claramente como podemos ter nosso caráter desenvolvido n'Ele. É interessante a maneira como Ele decide encerrar o sermão:

> Assim, toda árvore boa produz bons frutos, porém a árvore má produz frutos maus. Não pode a árvore boa produzir frutos maus, nem a árvore má produzir frutos bons. Toda árvore que não produz bom fruto é cortada e lançada ao fogo. Assim, pois, pelos seus frutos os conhecereis.
>
> Nem todo o que me diz: Senhor, Senhor! entrará no reino dos céus, mas aquele que faz a vontade de meu Pai, que está nos céus. Muitos, naquele dia, hão de dizer-me: Senhor, Senhor! Porventura, não temos nós profetizado em teu nome, e em teu nome não expelimos demônios, e em teu nome não fizemos muitos milagres? Então, lhes direi explicitamente:

nunca vos conheci. Apartai-vos de mim, os que praticais a iniquidade. (Mateus 7.17-23)

Aqui, Jesus nos ensina que não basta conhecer o Seu nome nem o poder que Ele carrega, precisamos estar enxertados n'Ele, a Videira verdadeira (João 15.1-5). Se conhecemos e temos relacionamento com a pessoa do Espírito Santo, teremos o desenvolvimento do caráter de Cristo em nós. Caso contrário, nos tornaremos apenas conhecedores do poder que Seu nome carrega.

É interessante que, nessa passagem, Jesus se referia aos falsos profetas, que não eram pessoas necessariamente usadas por Satanás, até porque expulsavam demônios — Jesus fala a respeito desse assunto em Mateus 12.26. Contudo, apesar dos sinais, milagres e maravilhas, Jesus diz que NUNCA os conheceu. Precisamos ter o cuidado de não apenas conhecer Jesus, mas de também sermos conhecidos por Ele; isso só conquistamos quando habitamos n'Ele e Ele em nós por intermédio do Espírito Santo.

Os falsos profetas eram falsos não por operar falsos milagres e maravilhas, mas porque não produziam o fruto do Espírito Santo, que demonstra a maturidade espiritual e o relacionamento com Deus. Apesar de clamarem "Senhor, Senhor!", produziam as obras da carne também descritas em Gálatas 5:

> Ora, as obras da carne são conhecidas e são: prostituição, impureza, lascívia, idolatria, feitiçarias, inimizades, porfias, ciúmes, iras, discórdias, dissensões, facções, invejas, bebedices, glutonarias e

coisas semelhantes a estas, a respeito das quais eu vos declaro, como já, outrora, vos preveni, que não herdarão o reino de Deus os que tais coisas praticam. (Gálatas 5.19-21)

Constantemente precisamos fazer uma autoavaliação para medir como anda nossa vida espiritual e perceber o quanto estamos deixando o Espírito Santo nos confrontar e nos fazer crescer, a fim de produzirmos o Seu fruto.

Em João 15, Jesus se apresenta como a Videira verdadeira e Deus Pai nos é apresentado como o Agricultor. Nós somos os ramos enxertados n'Ele e precisamos produzir frutos, do contrário o agricultor, que é Deus, nos cortará e lançará no fogo. Contudo, todos os que produzem fruto, o Agricultor os limpa para que deem mais fruto ainda. Isso quer dizer que Ele recolhe os frutos e nos poda para que possamos produzir mais frutos. A poda é extremamente necessária para a saúde do ramo, e ela acontece pela Palavra. A Palavra de Deus nos limpa dos frutos que produzimos e nos prepara para produzirmos mais, não retendo os frutos e a glória para nós mesmos, mas nos lembrando de quem somos, para o que fomos chamados e para quem devemos direcionar toda a glória pelos bons frutos que produzimos. É a Palavra de Deus que nos relembra dessas verdades. A poda não acontece pelas mãos, mas pela boca de Deus, e Ele pode usar pessoas para expressar a Palavra e Suas verdades para nos podar. No versículo 3, Jesus nos ensina que os discípulos estavam limpos pela Palavra e prontos para produzir mais frutos. A Palavra de Deus está constantemente nos lavando e limpando. Logo, agora fica fácil entender como podemos ter e ensinar o caráter de Cristo.

COMO PODEMOS TER O CARÁTER DE CRISTO?

PERMANECENDO EM JESUS PELA FÉ

Ainda em João 15 temos a explicação de como podemos permanecer em Jesus e as consequências dessa habitação. Como podemos permanecer em Jesus?

"Permanecei em mim, e eu permanecerei em vós. Como não pode o ramo produzir fruto de si mesmo, se não permanecer na videira, assim, nem vós o podeis dar, se não permanecerdes em mim." (v. 4, grifo da autora) – Escolhendo, todos os dias dizer não para a carne e sim para o Espírito Santo. Fazendo escolhas baseadas não no desejo da nossa carne, mas naquilo que o Espírito quer que façamos à semelhança d'Ele. Ou seja, andando no Espírito sem jamais satisfazer às concupiscências da carne, como lemos em Gálatas 5.16.

"Eu sou a videira, vós, os ramos. Quem permanece em mim, e eu, nele, esse dá muito fruto; porque sem mim nada podeis fazer." (v. 5, grifo da autora) – Sendo humilde e reconhecendo que sem Jesus não podemos fazer nada. Todos os dias precisamos apresentar nossa gratidão e

estar constantemente na presença de Deus, além de nos entregarmos plenamente para que a vontade d'Ele seja feita em nós e por nosso intermédio.

"Se alguém não permanecer em mim, será lançado fora, à semelhança do ramo, e secará; e o apanham, lançam no fogo e o queimam. Se permanecerdes em mim, e as minhas palavras permanecerem em vós, pedireis o que quiserdes, e vos será feito." (vs. 6, 7, grifo da autora) – Muitos isolam esse versículo de seu contexto, pregando que tudo o que quisermos será feito. Porém, existe uma condição para que isso aconteça: precisamos permanecer n'Ele. Ao permanecermos n'Ele, faremos orações conforme aquilo que está no coração de Deus e não pedidos ou desejos provenientes de nossa própria mente ou vontade.

"Nisto é glorificado meu Pai, em que deis muito fruto; e assim vos tornareis meus discípulos. Como o Pai me amou, também eu vos amei; permanecei no meu amor. Se guardardes os meus mandamentos, permanecereis no meu amor; assim como também eu tenho guardado os mandamentos de meu Pai e no seu amor permaneço." (vs. 8-10, grifo da autora) – Quando estamos n'Ele, as respostas a nossas orações e milagres que acontecerem por nosso intermédio glorificarão ao Pai. Quando o Pai é glorificado, nos tornamos discípulos de Jesus mais semelhantes a Ele, tendo o Seu caráter formado em nós. É como um ciclo: Eu permaneço n'Ele — Ele

cresce em mim — Eu produzo frutos — Sou podado, porque permaneço n'Ele — Ele cresce em mim, e assim sucessivamente.

PRATICANDO A PALAVRA

Em Mateus 7, depois que Jesus falou a respeito dos falsos profetas, Ele comenta sobre os dois fundamentos (v. 24-27).

> Todo aquele, pois, que ouve estas minhas palavras e as **pratica** será comparado a um homem prudente que **edificou** a sua casa sobre a **rocha**; e caiu a chuva, transbordaram os rios, sopraram os ventos e deram com ímpeto contra aquela casa, que não caiu, porque fora edificada sobre a rocha. (Grifos da autora)

Aqui temos três palavras importantes que precisamos observar:

PRATICA: Não devemos apenas ouvir, porque mais importante que ouvir é praticar. Jesus nos ensina essa verdade usando a parábola dos dois filhos descrita em Mateus 21.28-33. Na história havia dois filhos que ouviram a mesma ordem. O primeiro disse que não faria o trabalho proposto, mas se arrependeu e fez o que o pai havia pedido. O segundo respondeu prontamente que faria, mas não o fez. O que Jesus quer dizer é que não importa apenas ouvir, é preciso fazer. CONHECER a Palavra não significa VIVER a Palavra. O próprio Jesus nos diz que até os demônios conhecem e reconhecem que Ele é o Filho de Deus (Marcos1.24b), mas nem por isso entrarão no Reino dos céus. Os demônios sabiam que Jesus era o Filho de Deus, mas as suas práticas eram completamente opostas às práticas daqueles que tinham recebido o novo nascimento.

EDIFICOU: A casa do homem não foi construída sozinha. Ele a construiu, e isso lhe tomou um tempo determinado de dedicação. Ele precisou ser intencional para construir sua casa. Nada é construído por acaso. Por isso, devemos ser intencionais na construção de nossa vida, pois muitas situações virão e tentarão destruir o que construímos com tanto empenho. Contudo, se nossa construção estiver bem fundamentada e solidificada no lugar certo, não será abalada. Por isso o tempo é algo tão precioso. Inúmeras passagens bíblicas falam sobre o uso do tempo e como devemos ser prudentes ao utilizá-lo. Em Mateus 6.33 lemos que devemos buscar em primeiro lugar o Reino de Deus e a Sua justiça, e todas as demais coisas nos serão acrescentadas. Precisamos estar atentos para que sejamos edificadores, e não destruidores. Não fomos chamados para viver uma vida passiva, e sim uma vida ativa, em que precisamos estar o tempo todo sendo edificados e edificando.

ROCHA: Todavia, não basta ser intencional em construir, precisamos ter discernimento a respeito do local onde iremos construir; em que alicerce edificaremos. A rocha é Cristo, assim como a Videira verdadeira. É n'Ele que temos de ser edificados e não em nossa carne, na lei ou pecado. Jesus é o caminho, a verdade e a vida (João 14.6). Se não permanecermos n'Ele, morreremos, assim como um galho fora da árvore ou uma casa que é construída em solo arenoso.

A Bíblia fala muito a respeito de rochas. Em Números 20.11, lemos que água saiu de uma rocha para matar a sede do povo de Israel. Em 1Coríntios 10.4, em uma referência ao povo de Israel, Paulo declara: "... beberam da mesma fonte espiritual; porque bebiam de uma pedra espiritual que os seguia. E a pedra era Cristo".

Sabemos que durante a estadia no deserto, uma nuvem e uma coluna de fogo acompanhavam o povo de Deus por onde iam e ambas representavam o Espírito Santo. Nessa passagem, Paulo revela que Jesus também os acompanhava como a Rocha que, liberando água, matava sua sede.

ANDANDO NO ESPÍRITO

Para desenvolvermos o caráter de Cristo precisamos investir em nossa maturidade espiritual, não voltando mais às práticas da carne, mas andando no Espírito. O que temos produzido dirá se somos carnais ou espirituais. Então, a pergunta que fica é: Do que as pessoas têm se alimentado por nosso intermédio? Será que elas colhem amor, alegria, paz, paciência, bondade, benignidade, fidelidade, mansidão e domínio próprio? Ou impureza, lascívia, prostituição, idolatria, feitiçaria, inimizades, porfias, ciúmes, iras, discórdias, dissensões e facções?

Os frutos que damos dirão se andamos no Espírito ou não. E só andamos no Espírito quando fortificamos nosso espírito e crucificamos a carne diariamente. Quando passamos pelo novo nascimento, passamos a ter vida no espírito, mas apenas isso não basta, precisamos de maturidade para andar e permanecer no Espírito, conforme Gálatas 5.25 afirma: "Se vivermos no Espírito, andemos também no Espírito".

O fato de termos sido salvos não significa que seremos sempre salvos. É isso que João 15 nos ensina quando Jesus diz que os ramos que não derem frutos serão arrancados e lançados no fogo. Precisamos entender e ensinar que a salvação é o primeiro passo de uma caminhada com Cristo, onde permitimos que Ele cresça em nós pela vivência em intimidade. Entretanto, precisamos escolher. Saber escolher, todos os dias, o caminho que queremos seguir, a verdade da qual nos alimentaremos e a vida que queremos ter, sem nos esquecermos de que Jesus é O CAMINHO, A VERDADE e A VIDA; ninguém vai ao Pai a não ser por Ele (João 14.6).

Quando entendemos o que isso significa ter o caráter de Cristo, por que ele é importante e como podemos tê-lo, fica fácil responder às perguntas que deram início a esse capítulo.

Como pais, educadores cristãos e voluntários no ministério infantil precisamos ser intencionais com nossas crianças, nos conectando com elas, para que possamos conectar o coração delas com Deus, ministrando salvação e incentivando-as a desenvolverem a salvação, visando a alcançar a maturidade espiritual enquanto ainda são crianças. Temos de compartilhar a Palavra e deixar que ela os lave, que o Espírito Santo ministre ao coração delas, buscando sempre oportunidade de edificar essas preciosas vidas na Rocha que é Cristo. Precisamos, por isso, estar atentos para entender em que áreas o Espírito Santo quer corrigi-las, não apenas em suas ações, mas na atitude e motivação que procedem do coração delas. O nosso foco precisa estar no coração das crianças porque é dele que vêm as vontades. Se enchemos o coração delas com a Verdade, elas não apenas terão vida em seu espírito, mas também andarão no Espírito.

É nossa responsabilidade levantar uma geração que se move de maneira poderosa nos dons, mas que está firme na Rocha, constantemente bebendo e sendo lavados pela Palavra, produzindo muitos frutos para a glória de Deus e o crescimento da Igreja. Por isso, é necessário que o caráter de Cristo seja formado primeiramente em nós, para que possamos ajudar as nossas crianças a desenvolvê-lo também.

CAPÍTULO 8

OUVINDO A VOZ DE DEUS

JACKELINE HAYASHI

Não costumamos ouvir a respeito de pessoas que já escutaram a voz de Deus de forma audível. Obviamente isso não quer dizer que alguns não tenham tido ou nunca terão essa experiência, mas esse não é o tipo de coisa que acontece com frequência. Antes da Queda, lá no jardim do Éden, a maneira de ouvir Deus era esta, clara e audível, mas a partir do momento em que o pecado entrou no mundo, a voz audível de Deus foi se tornando cada vez mais rara, tanto que os relatos sobre essa forma de comunicação, na própria Bíblia, foram se tornando menos frequentes com o tempo.

No entanto, isso, definitivamente, não quer dizer que Deus parou de falar. Ele se comunica conosco de inúmeras maneiras. Se, por acaso, você já passou pela experiência do novo nascimento e tem dúvidas se alguma vez já ouviu a voz de Deus, ao final deste capítulo terá certeza de que já a ouviu incontáveis vezes, só não percebia ou entendia que era Ele quem estava falando.

Entender que Deus está constantemente querendo falar conosco é algo imprescindível. Até mesmo no momento de nossa morte, estaremos o tempo inteiro aprendendo a ouvir a voz de Deus, porque Ele tem inúmeras maneiras de Se apresentar a nós. Ele é infinito e criativo, o que quer dizer que sempre encontrará uma nova forma de conversar conosco.

Ouvir a voz de Deus tem a ver com o coração. Quanto mais o nosso coração estiver conectado ao d'Ele mais O ouviremos falar. O mesmo acontece em nossos relacionamentos mais íntimos. Nossos filhos que o digam! Quantas vezes, como pais, só precisamos dar uma olhada para eles e parece que palavras saem de nossa mente e entram diretamente na deles. Isso também acontece com os nossos cônjuges e amigos próximos. Um aceno, um olhar, um toque, um sorriso ou quaisquer outras formas não verbais, podem dizer mais que muitas palavras. Isso significa que ouvir a voz de Deus tem a ver com intimidade. Quanto mais íntimos de Deus estivermos, mais sensíveis seremos à sua voz, pois estaremos mais perto d'Ele.

Ouvir Deus, portanto, tem mais a ver com intimidade do que com percepção auditiva. É necessário parar para ouvir. Inúmeras vezes não conseguimos ouvi a voz do Senhor porque não damos chance e espaço para que Ele fale ou, quando Ele começa a falar, O deixamos falando sozinho. Estamos em uma correria tão grande com nossos muitos afazeres diários, tão preocupados em falar e pedir, que não damos oportunidade para Ele falar.

Tiago 1.19 diz que precisamos ser prontos para ouvir, tardios para falar e tardios para nos irar. E isso se aplica também à prática de ouvir Deus. Quantas vezes temos o nosso tempo devocional, com leitura bíblica e oração, mas esquecemos de dar tempo para Deus falar conosco? Disparamos a falar, apresentando a Ele nossos inúmeros pedidos e não paramos para ouvi-lO.

Para ouvir a voz divina precisamos aquietar o nosso coração. Ficar quieto ajuda muito. Contudo, ao aquietarmos o nosso coração e pararmos para ouvi-Lo, de repente, um turbilhão de pensamentos começam a surgir em nossa mente. Lembretes de coisas a fazer, pessoas para ligar, atividades inacabadas e por aí vai. Não despreze nem tente brigar com isso. Seja sábio. Deixe ao seu lado um caderno e uma caneta, e quando esses pensamentos vierem para roubar-lhe a atenção, anote-os. Se não anotar, esses pensamentos não irão embora. O fato deles virem não é algo demoníaco ou errado. Muito provavelmente, é apenas o Espírito Santo tirando toda a distração de sua mente para dar espaço às palavras que Deus tem para você.

Há infinitas maneiras de Deus falar conosco. Contudo, as principais são:

I. A BÍBLIA

Independentemente de ser um cristão com muitos anos de caminhada ou um novo convertido, se já leu a Bíblia, nem que tenha sido um versículo, não poderá dizer que Deus nunca falou com você, pois a Bíblia não é apenas um livro, mas a Palavra de Deus. O texto de 2Timóteo 3.16-17 diz:

> **Toda** a Escritura é inspirada por Deus e útil para o ensino, para a repreensão, para a correção, para a educação na justiça, a fim de que o homem de Deus seja perfeito e perfeitamente habilitado para toda boa obra. (Grifo da autora)

Toda a Escritura é inspirada por Deus. A palavra "inspirada" tem o significado de sopro, sopro de Deus. Assim como o sopro que deu vida a Adão, a Palavra de Deus nos dá vida cada vez que a lemos. Por causa da nossa correria, às vezes erramos na maneira como lemos as Escrituras. Não deve ser uma obrigação. Precisamos orar antes, pedindo a Deus para que fale conosco durante aquela leitura. Deus fala pela Sua Palavra, não apenas nos momentos de leitura, mas também quando o Espírito Santo nos lembra do que lemos nos momentos mais necessários. Note que o Espírito traz à nossa memória o que lemos nas Escrituras. Mas como queremos que o Espírito Santo nos relembre de passagens bíblicas que nunca lemos? Precisamos mergulhar na leitura da Bíblia para que o Espírito Santo tenha de que nos lembrar quando Ele achar necessário. Quando lemos a Palavra de Deus, estamos nos abastecendo e afiando com a Espada, que na hora certa, será retirada de nossa mente para vencermos os nossos inimigos que podem surgir, como mentiras lançadas sobre nossa vida, palavras de condenação, rótulos, falsidades e tantas outras formas.

O segredo para fazer que nossas crianças se apaixonem pela Bíblia, então, é mostrando o quanto somos apaixonados por ela. Se você não ama a Bíblia não conseguirá incentivar o amor pela Palavra no coração das crianças. Peça a Deus que lhe dê fome pelas Escrituras. Mas não espere a fome chegar, comece a criar o hábito da leitura; escolha um livro da Bíblia para estudar, encontre uma boa Bíblia de estudo e deixe Deus ministrar ao seu coração durante cada leitura.

Na Geração 5.2, estimulamos as crianças a fazerem devocionais respondendo a quatro perguntas, depois que fizeram as leituras:

A. O que aprendi?
B. Por que isso é importante para mim?
C. Como posso aplicar em minha vida?
D. Que oração preciso fazer após esta leitura?

Essas perguntas ajudarão cada criança a memorizar e reter a essência do conteúdo que acabaram de ler, porque conseguirão aplicá-lo na própria vida, e também lhes preparará para ministrar em qualquer lugar. Sempre as orientamos a, antes de iniciar a leitura da Bíblia, pedirem ao Espírito Santo que traga vida à Palavra e uma nova revelação daquilo que será lido.

Se você tem dificuldade em ler a Bíblia, que tal começar com essas quatro perguntas? Sempre que pegá-la para ler, não leia buscando uma palavra para alguém nem pensando para quem aquela palavra serviria, pense em você! Se você for ministrado, terá autoridade para ministrar essa palavra a outras pessoas em tempos oportunos. A Palavra nunca volta vazia.

Charles Spurgeon diz algo muito interessante a respeito das Escrituras: "A Bíblia não é a luz do mundo, é a luz da Igreja. O mundo não lê a Bíblia, o mundo lê os cristãos: 'Vós sois a luz do mundo!'".

Como pais, um de nossos maiores desejos é que nossos filhos amem a Palavra de Deus e a leitura em geral. Mas, em diversos momentos, nos cansamos de tanto falar, insistir e estimular. Parece que eles não nasceram para ler. Entretanto, devemos considerar as muitas opções de entretenimento e fatores de desmotivação à leitura que temos hoje em dia. Elas são desestimuladas a ler devido a tantas outras atividades que desfavorecem essa prática. A criação de um bom hábito nas crianças não acontece por acaso, precisa ser algo intencional. Portanto, precisamos ser os chatos da casa (parece que este é um dos requisitos dos bons pais), estabelecendo o tempo de leitura diário, o que inicialmente parecerá um massacre para as crianças, mas que trará grandes benefícios futuramente (e com "futuramente", quero dizer muito futuramente mesmo!).

Antes de fazer uso de qualquer aparelho eletrônico ou de iniciar qualquer brincadeira, elas precisam ler. Sem o tempo de leitura, nada acontecerá. Dentro disso, é extremamente importante explicar os motivos pelos quais estamos fazendo isso, mesmo que eles não concordem. Podemos dar respostas simples, como: "Quando você tiver seus filhos pode fazer como quiser, meu amor! Mas eu acredito no seu potencial e sei que você vai muito mais longe lendo!".

Não podemos nos preocupar se nossos filhos gostarão ou não do que lhes proporcionamos. Precisamos nos preocupar se isso lhes faz bem ou não, e se o que proporcionamos é aquilo que Deus tem pedido que façamos.

Algo que pode ajudar é comprar uma Bíblia cuja versão seja fácil de entender, como a Nova Tradução da Linguagem de Hoje (NTLH), por exemplo. Ao término de cada leitura, podemos pedir que eles compartilhem o que leram e, em seguida, nós também compartilhamos.

Na Geração 5.2, as crianças são estimuladas a trazer sua Bíblia, ganhando pontos por isso e por cada versículo estudado. Por que fazemos isso? Porque queremos que elas se apaixonem e descubram os tesouros que a Palavra de Deus contém. Todavia, este estímulo não precisa acontecer apenas quando elas começarem a ler. Devemos presenteá-las com Bíblias mesmo que sejam ainda muito pequenas. Eles rabiscarão, desenharão e, ao final, podemos ler para eles aquilo que marcaram, com uma linguagem simples para que entendam.

Na Geração 5.2, pedimos aos pais que comprem Bíblias completas para seus filhos de 2 e 3 anos, mesmo que eles estejam longe de começar a ler, porque queremos que entendam que a Bíblia é que traz todas as histórias lindas que contamos a eles.

Certa vez, a mãe de uma menina de 4 anos nos mandou uma foto de sua filha. Ela achava que a filha estava brincando de boneca pois, de longe, a ouvia falando sozinha, mas quando se aproximou, percebeu que a menina estava "lendo" sua Bíblia. Enquanto recontava as histórias bíblicas que já conhecia, era como se estivesse realmente lendo. Isso é lindo demais! Precisamos confiar em Deus, acreditando firmemente que o Espírito Santo trará à mente delas as verdades bíblicas que lhes ensinamos, e também as verdades bíblicas que elas lerão quando forem mais velhas.

2. NATUREZA

É impossível olhar para a natureza e não pensar que toda essa grandiosidade e beleza vem de algo muito maior que nós mesmos. A natureza por si só fala sobre Deus, e essa é uma das maneiras que Ele usa para falar conosco.

Davi era um admirador da natureza. Quando jovem, enquanto pastoreava suas ovelhas, passava horas e horas contemplando a natureza ao seu redor. Ele, inspirado por Deus, escreveu em Salmos 19, que diz:

Os céus **proclamam** a glória de Deus, e o firmamento **anuncia** as obras das suas mãos. Um dia discursa a outro dia, e uma noite revela conhecimento a outra noite. Não há linguagem, nem há palavras, e deles não se ouve nenhum som; no entanto, **por toda a terra se faz ouvir a sua voz**, e as suas palavras, até aos confins do mundo. (Salmos 19.1-4, grifo da autora)

Quando olhamos para um passarinho voando no céu, ali está uma linda oportunidade para Deus falar conosco, principalmente quando estamos preocupados e ansiosos. Se Deus criou e alimenta um passarinho, imagine o quanto fará por nós. Mas para isso, precisamos parar para observar o que nos cerca e pedir a Ele que fale conosco. Desse modo, pensamentos começarão a surgir e seremos invadidos por Seu amor constrangedor e ouviremos Sua doce voz por intermédio da linda natureza que Ele criou. Se você nunca conseguiu ouvir Deus pela natureza, uma ótima sugestão é parar para observar. Pare para ouvir.

Uma pessoa que nunca ouviu o evangelho e nunca teve alguém que lhe contasse diretamente a respeito de Deus, não poderá dizer que não O conheceu, pois a própria natureza fala sobre Deus. Paulo deixa isso muito claro no capítulo 1 de sua carta aos Romanos.

Devemos levar nossas crianças para um ambiente onde possam observar a natureza e orientá-las a pedir a Deus que fale com elas por meio desse recurso também.

Certo domingo, orientamos nossas crianças que fossem para o lado de fora de suas salas e ficassem observando a natureza, pedindo a Deus que falasse com elas. Quantas coisas lindas elas trouxeram de volta. Palavras de gratidão, de entendimento da grandeza de Deus, do Seu cuidado e tantas mais.

Precisamos ser intencionais em tudo. Da próxima vez que estiver chovendo muito e as crianças começarem a ficar com medo ou assustadas com os trovões e relâmpagos, peça que parem para observar e ouvir o que Deus pode falar com elas durante esses momentos. Com certeza você vai se surpreender.

3. CONSCIÊNCIA

A nossa primeira reação quando ouvimos a voz de Deus precisa ser obedecer. Sabe aquela voz bem baixinha ou aquele sentimento no fundo que nos diz o que é certo e o que é errado? Essa voz é a nossa consciência e, grande parte das vezes, é o próprio Deus falando conosco por intermédio dela. Agora, se não obedecemos quando ouvimos a voz de Deus dessa forma, por que queremos ouvi-la de outras maneiras? Se não obedecemos quando ele nos fala na simplicidade, não obedeceremos se Ele nos falar de forma diferente. Se não somos fiéis no pouco, não seremos fiéis no muito. E aqui, ser fiel no pouco significa, muitas vezes, ouvir um sim ou um não de forma simples e apenas obedecer.

Ensinamos as crianças a sempre obedecer a sua consciência. Quando ela está cheia do Espírito Santo, da Palavra de Deus, dos Seus princípios e verdades, o seu padrão de consciência, aos poucos, vai sendo forjado também e, a partir do estabelecimento dessas firmes bases, a criança terá parâmetros bíblicos que aplicará em sua vida.

Somos feitos de corpo, alma e espírito. Nossa consciência, ou pensamentos, está localizada em nossa alma. Em Romanos 1.15, Paulo discorre a respeito da consciência, defendendo que, mesmo para os que não conhecem a lei, é intrínseco, por meio de nossa consciência, saber o que é certo e o que é errado, já que, por natureza, a lei está gravada em nosso coração. Ou seja, naturalmente carregamos valores que, por meio da consciência, nos confortam ou confrontam.

No capítulo 9, Paulo volta a tratar a respeito da consciência. Ele diz que ela nos acusa quando praticamos algo errado; porém, precisamos tomar cuidado para que nossa mente não se torne cauterizada, ou seja, uma consciência corrompida. Tito 1.15 nos ensina que: "Todas as coisas são puras para os puros; todavia, para os impuros e descrentes, nada é puro. Porque tanto a mente como a consciência deles estão corrompidas".

Uma consciência corrompida impossibilita a nossa comunicação com Deus. Por isso, precisamos continuamente renovar a nossa consciência para que ela seja confiável nos alertas que nos dá e possamos estar sensíveis a eles, confiando na direção que ela nos der. Essa purificação da consciência, contudo, só pode vir por meio da santificação: "Muito mais o sangue de Cristo, que, pelo Espírito eterno, a si mesmo se ofereceu sem mácula a Deus, **purificará a nossa consciência** de obras mortas, para servirmos ao Deus vivo!" (Hebreus 9.14, grifo da autora).

O sangue de Jesus purifica a nossa consciência pela constante renovação de nossa mente. Essa renovação acontece quando não deixamos que as ideias do mundo nem seus pensamentos tomem conta de nossa mente, mas focamos no sacrifício de Jesus na cruz e em tudo o que Ele nos tem ensinado.

> Rogo-vos, pois, irmãos, pelas misericórdias de Deus, que apresenteis o vosso corpo por sacrifício vivo, santo e agradável a Deus, que é o vosso culto racional. E não vos conformeis com este século, mas transformai-vos pela **renovação da vossa mente**, para que experimenteis qual seja a boa, agradável e perfeita vontade de Deus. (Grifo da autora).

Já nascemos com nossa consciência e cabe a nós, pais, educadores e líderes de crianças, cultivar a sã consciência delas, para que não seja contaminada ou deturpada pelo mundo. Precisamos ser um canal de renovação de mente para as crianças, retirando delas as mentiras e inculcando as verdades de Deus, para que, no tempo oportuno, Ele possa falar com elas por intermédio da consciência, fazendo-as lembrar das verdades que elas conhecem.

4. AUTORIDADES

Existem diferentes tipos de autoridade em nossa vida e isso pode ou não mudar conforme as fases em que estamos. Contudo, quando nascemos, nossos pais são nossa primeira autoridade. Os pais exercem uma autoridade dada por Deus e têm ordenanças claras sobre o que precisa ser feito com os filhos: educar, disciplinar e, principalmente, discipular. Várias passagens da Bíblia nos mostram o quanto os pais exercem poder e autoridade sobre seus filhos, sendo chamados não apenas para educar, mas para discipular:

> Filho meu, guarda o mandamento de teu pai e não deixes a instrução de tua mãe; ata-os perpetuamente ao teu coração, pendura-os ao pescoço. Quando caminhares, isso te guiará; quando te deitares, te guardará; quando acordares, falará contigo. Porque o mandamento é lâmpada, e a instrução, luz; e as repreensões da disciplina são o caminho da vida. (Provérbios 6.20-23)

Essa passagem é muito interessante. Quem a escreveu foi Salomão, o homem mais sábio que já existiu até Jesus. Aqui, Salomão aconselha os filhos, mas também deixa claro o que pais sábios devem fazer.

Que mandamento do pai o filho precisa guardar? O versículo 23 nos revela que o mandamento é lâmpada. Mas onde Salomão entendeu que o mandamento é lâmpada? Seu pai o ensinou. Davi escreve sobre isso em Salmo 119.105: "Lâmpada para os meus pés é a tua palavra e luz para os meus caminhos".

No versículo 23 de Provérbios 6, Salomão se refere à Palavra de Deus como lâmpada, porque havia aprendido isso com seu pai, Davi. No mesmo versículo, diz também que a instrução é luz, em conformidade com o ensinamento que recebera de seu pai. Em 2Samuel 12.24, e em algumas passagens do livro dos Reis, diz que a mãe de Salomão, Bate-Seba, era sábia e ouvia a Deus, pois estava constantemente com o profeta Natã, a quem Davi entregou Salomão quando este nasceu.

Os pais são autoridades dadas por Deus, porque são o primeiro veículo por meio do qual a Palavra de Deus é proferida para os filhos; pelo menos deveriam ser. Assim também são os líderes; eles são o segundo meio de transmissão da Palavra às crianças. Obviamente, pais e líderes podem e vão errar em determinados momentos, por isso é importante o ensino constante da Palavra, para que, quando alguma autoridade falhar em cumprir seu papel ou errar, elas não se machuquem ou fiquem desoladas, mas possam perdoá-las e se apegar a Deus, sem desrespeitar e desonrar seus líderes.

Uma passagem bíblica muito conhecida, registrada em Marcos 9, ilustra um pouco sobre como devemos nos comportar quando, por exemplo, líderes religiosos falham conosco. Neste texto, os discípulos não conseguem expulsar o demônio de um menino, levando aquele pai a procurar Jesus para pedir ajuda. Na maioria das vezes focamos no fato de Jesus ter dito o procedimento a respeito da libertação, ensinando a eles que aquele tipo de casta não saia sem jejum e oração. Porém, existe um outro aspecto importante no texto. O pai do menino não saiu falando mal dos discípulos para outras pessoas, pelo menos não é isso que a Bíblia nos diz. Não só isso, mas ele também não deixou de acreditar no poder de Jesus, porque Seus discípulos não puderam libertar seu filho. Pelo contrário, o pai foi direto a Jesus, porque tinha fé n'Ele.

Muitas vezes, vamos errar ou não conseguiremos cumprir nosso papel, outras vezes, nossos líderes farão isso, mas, ao invés de falar mal deles, sair da igreja ou deixar de acreditar no poder de Jesus, podemos olhar para Ele e procurar n'Ele a resposta de que precisamos.

Devemos ensinar a nossas crianças o caminho para Deus, a busca pela intimidade com Ele e a dependência d'Ele, honrando os líderes que Deus tem colocado na vida delas, mas fazendo que entendam que a liderança pode errar, mas que isso não poderá abalar ou enfraquecer a fé que elas têm em Deus.

Por outro lado, como líderes, devemos nos posicionar, a fim de que sejamos dignos de obediência e respeito, e isso, porque os que estão debaixo de nossa liderança enxergam Jesus em nós. Que da nossa boca saia a Palavra de Deus, trazendo luz para a vida daqueles que lideramos. Que possamos sempre cultivar um coração sensível à voz do Espírito Santo, dando liberdade a Ele para nos confrontar nos grandes e pequenos atos, para que não sejamos pedras de tropeço para ninguém (Mateus 16.23).

5. VISITAÇÕES ANGELICAIS

A primeira vez que uma visitação angelical apareceu na Bíblia foi em Gênesis 16.7, quando um anjo aparece diante de Agar, a serva egípcia de Sara, mulher de Abrão. Depois desse episódio, outras passagens relatam o aparecimento de anjos trazendo orientações para o povo de Deus. No Novo Testamento, por exemplo, um anjo apareceu a Zacarias falando sobre o nascimento de João Batista e inúmeras outras vezes no livro de Atos, onde traziam orientações dos lugares para onde os discípulos deveriam ir ou o que deveriam fazer (Lucas 1.11-26; Atos 5.19; 8.26; 10.4; 12.7 e tantos outras ocorrências).

É comum crianças pequenas verem anjos e até conversar com eles, mas muitos pais pensam ser um amiguinho imaginário ou apenas fruto de imaginação. Em nossa Geração 5.2, durante o período de louvor e adoração, uma criança correu e começou a bater em uma cadeira como instrumento de percussão. Aprendemos a não repreender as crianças antes de fazer pequenas perguntas poderosas, como: "Está tudo bem com você?", "Está acontecendo alguma coisa?" ou "Podemos ajudar você?". Quando fizemos essas perguntas à menina, ela respondeu: "Tia, ali tem um anjo e ele me falou para tocar bem bonito, então eu estou aqui". Aquela menina teve um encontro com um anjo que a direcionou à expressão de louvor. Então, o voluntário pediu para a criança perguntar ao anjo por que ele estava ali e havia lhe mandado fazer aquilo. A menina correu até onde o anjo estava e começou a conversar com ele. Depois voltou correndo para o voluntário e disse: "Tio, ele disse que está aqui e pediu para eu fazer aquilo na cadeira, porque Deus está muito feliz com a gente louvando!".

Muitas vezes não sabemos se nossas crianças estão ou não tendo encontros angelicais porque não perguntamos. Para várias delas, esses encontros podem ser normais e fazer parte do dia a dia, mas para sabermos precisamos nos relacionar e deixar que tenham liberdade para se abrir. Durante momentos de louvor e adoração perguntamos a elas o que estão sentindo e vendo. Em muitas ocasiões elas falam que estão vendo anjos e relatam suas aparições.

6. SONHOS E VISÕES

A Palavra de Deus é repleta de momentos em que Deus fala com o Seu povo por meio de sonhos. Tanto no Antigo Testamento quanto no Novo encontramos histórias de direcionamentos divinos dados às pessoas em sonhos. Foi assim com Abraão (Gênesis 20.6), Jacó (Gênesis 31.11), Salomão (1Reis 3.5), José (Mateus 1.20). Isso não quer dizer que todas as vezes que sonhamos seja Deus falando conosco, mas quando for esse o caso, com certeza saberemos, porque o Espírito Santo testificará, não deixando aquele sonho sair de nossos pensamentos.

No capítulo sobre o novo nascimento contamos a história da Ana e o sonho que teve com Jesus. Esse realmente foi um sonho sobrenatural em que ela teve revelação e recebeu respostas a perguntas que ninguém conseguia responder. No capítulo "Os propósitos da profecia" contamos sobre o Matheus e como Deus falou por com ele por meio de um sonho.

Precisamos pedir a Deus que os nossos sonhos também sejam um instrumento para que Ele fale conosco e tenhamos encontros com a Trindade e as palavras proféticas.

José tinha sonhos proféticos e também era capaz de interpretá-los. Será que temos, entre nossas crianças, aquelas que têm sonhos proféticos ou o dom de interpretar sonhos? Se não formos intencionais em fazer as perguntas certas provavelmente nunca saberemos. Precisamos ajudá-las a desenvolverem suas habilidades e dons, mas só poderemos fazê-lo se dermos oportunidade para que elas nos contarem o que têm vivido. Erramos quando lhes dizemos que elas precisam ficar o tempo todo em silêncio para aprender, quando, muitas vezes, ao falarem, elas revelarão tesouros que têm guardado na mente e no coração.

Visão também é uma maneira pela qual Deus pode falar conosco. A visão não é um dom. É comum ouvir pessoas falando que têm dom de visão, mas, biblicamente, essa afirmação é errônea, já que não há menção desse tipo de dom. Portanto, ela é apenas uma maneira como Deus fala com alguns. Algumas pessoas têm visão estando com os olhos abertos, como se estivessem vendo uma cena real e palpável, outras veem na mente e outras ainda veem por meio de sonhos. A Bíblia relata muitas passagens em que pessoas tiveram visões e, por meio delas, Deus falava. Hoje em dia, Deus continua a falar, inclusive com crianças, por intermédio de visões.

Certo dia, na Geração 5.2, uma criança teve uma visão de si mesma tirando várias pessoas de um túnel escuro e trazendo-as para a luz. Em sua visão, ela sabia que essas pessoas tinham câncer. Pouco tempo depois, essa menina orou por duas mulheres da igreja que estavam com câncer e ambas foram curadas. Esse é um dos testemunhos que contamos com mais detalhes no final deste livro.

7. SOAKING

O termo *soaking* é um termo em inglês que significa "imergir, absorver ou encharcar". Em outras palavras, é como uma esponja dentro de um balde com água. Quando está submersa pela água, a esponja está *soaking*, ou seja, sendo encharcada e absorvendo água para dentro de si. Essa expressão denota uma atividade simples para nós, cristãos: passar tempo na presença de Deus, apenas "absorvendo-a" e procurando ouvir Sua voz.

Frequentemente estamos tão prontos para falar que não paramos para ouvir. Mas não é essa a instrução que a Palavra nos dá. Quando Paulo ensina Tiago a como proceder, sua instrução é que ele fosse sempre pronto para ouvir e tardio para falar (Tiago 1.19). Essa passagem, logicamente, diz respeito ao tratamento com o próximo, mas também pode ser aplicada ao nosso proceder em relação a Deus. Estamos sempre prontos para falar, pedir, interceder, mas, diversas vezes, não paramos para ouvir. O *soaking* é exatamente isto: tirar um tempo para ouvir o que Ele quer nos dizer, sem deixar que nada nos atrapalhe ou tire nossa atenção. Podemos iniciar colocando uma música tranquila, enquanto temos um tempo de leitura da Palavra, agradecemos e engrandecemos a Deus em oração e pedimos a Ele que fale conosco. Então, paramos para ouvir.

Como já comentamos, é comum nesses momentos surgirem muitos pensamentos sobre o que precisamos fazer, comer, para quem deveríamos ligar e assim por diante. Não esqueça, portanto, de deixar um papel e uma caneta por perto, para ir anotando todas as atividades, até que consiga esvaziar sua mente e possa começar a descansar na presença de Deus. Ao descansar, começará a sentir a Sua presença e ouvir o que Ele tem a dizer por intermédio de versículos que lhe virão à mente e trarão direcionamento.

Anualmente, nossa igreja local realiza uma conferência. No ano de 2017, durante esse evento, uma mãe da Geração me mandou uma mensagem com a foto de um desenho que sua filha de 9 anos havia feito. Aquela mãe me contou que a filha havia feito seu devocional e, na sequência, resolveu fazer um *soaking*. Enquanto o fazia, a menina teve uma visão de uma mulher com cabelos cacheados e loiros, que usava uma calça *jeans*, uma blusa vermelha e sapatilha bege. A criança disse que Deus estava derramando uma chuva de amor sobre ela e que ela se sentia muito amada. Não tivemos dúvida de que aquela mulher estaria na conferência e que precisava saber que Deus tinha amor para derramar sobre sua vida.

No dia seguinte, durante o período da tarde, contamos o ocorrido de púlpito e perguntamos se havia uma mulher que se encaixava na descrição. No meio de mais de 900 pessoas, uma mulher, loira, de cabelos cacheados, blusa vermelha, calça *jeans* e sapatilha na cor bege ficou de pé. Ela era exatamente como aquela criança descreveu em seu desenho e, para a nossa surpresa, ela havia sido contemplada com um desenho profético embaixo de sua cadeira, já que naquele dia havíamos distribuído 100 desenhos aleatoriamente pelo auditório. Ela sentou em uma cadeira onde tinha o desenho de uma chuva de corações, confirmando a palavra do dia anterior! Que lindo! Qual a chance disso acontecer por acaso? Não acreditamos em acaso. Acreditamos em um Deus que opera o impossível e faz coisas lindas por intermédio de crianças e de corações dispostos a ouvir Sua voz.

Por isso, se você nunca experimentou um momento de *soaking*, queremos encorajá-lo a cultivar momentos assim e, para isso, separamos alguns passos práticos que pode usar:

1. Encontre um lugar tranquilo onde você possa relaxar.
2. Coloque uma música calma ou de adoração espontânea.
3. Tenha papel e caneta perto de você, caso precise anotar possíveis pensamentos, para que assim, sua mente vá ficando vazia de preocupações.
4. Ore pedindo a Deus que o encontre e fale com você.
5. Descanse e espere para ouvir a voz d'Ele, por meio de seus pensamentos e memória.
6. Fique em silêncio. Não fale, não ore, apenas sinta, ouça e perceba Deus falando com você.
7. Anote o que ouviu, sentiu e viu.

Queremos deixar claro que o *soaking* não substitui os seus devocionais — tempo de leitura da Palavra e oração —, até porque como Deus trará a sua memória os versículos que Ele quer usar para falar com você, se você nunca os leu? O *soaking* é apenas uma das formas de ouvirmos Deus. Mas nada é mais poderoso do que a leitura da Bíblia e as revelações que o Espírito Santo traz por intermédio dela.

Os tópicos listados não significam que essas sejam as únicas formas de Deus falar. Ele é infinito e fala de maneiras infinitas. Ele pode falar por meio de uma música, um filme, um panfleto, uma placa, um cartaz e outras inúmeras formas. Não limite Deus e verá como Ele será criativo ao se comunicar com você.

O segredo para ouvir Deus é ter fé, crendo que, mesmo não ouvindo literalmente, Ele está falando conosco; lembre que sem fé é impossível agradar a Deus (Hebreus 11.6). Tenha fé e coloque os seus sentidos à disposição d'Ele, e Ele irá encontrá-lo.

Conhecemos pessoas que ouviram Deus por intermédio de uma música que estava tocando em um supermercado, de um lanche pago por alguém que não o conhecia, por um número de senha em um atendimento médico, uma lição de casa, um livro secular e da comida que estavam preparando. Todas essas maneiras, contudo, foram confirmadas também pela Palavra e a oração. Por que essas pessoas ouviram Deus falar de uma maneira tão inusitada? Porque elas estavam:

1. querendo que Deus falasse e
2. procurando ouvir a voz de Deus por meio das coisas simples da rotina, glorificando a Deus pelos sinais grandes e também pelos pequenos.

8. CIRCUNSTÂNCIAS

Em 1Tessalonicenses 5.18 lemos: "Em tudo, dai graças, porque esta é a vontade de Deus em Cristo Jesus para convosco". A vontade de Deus para nós é que demos graças em toda situação, sabendo que Ele operará o melhor por meio de cada circunstância, afinal "... todas as coisas cooperam para o bem daqueles que amam a Deus". (Romanos 8.28).

Devemos viver buscando enxergar Deus em cada circunstância. Ele quer falar conosco por meio de qualquer situação que passamos. Ele quer mostrar Seu amor por nós.

Quanto mais espirituais formos, mais permitiremos que as circunstâncias falem conosco e não apenas determinem o nosso estado de espírito. Na verdade, circunstâncias não definem, nem podem definir, nosso estado de espírito; o que é capaz e deve fazer isso é somente o que Deus diz por intermédio delas.

No início de 2013, em um momento com Deus, ouvi claramente que o Lucas seria demitido do emprego bem no dia do meu aniversário e que isso seria algo bom. Bom, quem pode achar que ser demitido seja algo bom quando não se tem outra possibilidade de trabalho? Mas esperamos e confiamos que Deus faria o melhor. Ele era professor universitário e ao final do semestre sempre havia rescisões ou renovações de contratos. Meu aniversário é no dia 23 de junho, mas no início do mês aconteceu uma reunião semestral e o Lucas não foi demitido. Logo, pensamos que aquela palavra poderia ter sido uma impressão errada. Contudo, no dia 23 de junho, o coordenador do Lucas o chamou para conversar e disse que ele estava demitido. Ele me ligou e contou, mas em nenhum momento tivemos medo do que iria acontecer, porque aquela circunstância não determinaria o nosso estado de espírito. Tínhamos a certeza de que algo incrível aconteceria e que nada nos faltaria porque Deus já havia nos avisado.

Foi muito engraçado viver aquela situação, porque todos que ficavam sabendo da demissão perguntavam ao Lucas como ele estava e ele sempre dizia que estava muito bem. No meio daquela circunstância que parecia desfavorável, Deus estava falando conosco como nunca. Ele disse claramente que Ele era o nosso Deus e estava cuidando de nós.

Recentemente, na Geração 5.2, oramos para que Deus tirasse todas as pessoas que não tivessem chamado e trouxesse aquelas que fossem chamadas para isso. Naquela semana, seis pessoas pediram para sair. A circunstância parecia desfavorável, mas para nós era claro que Deus tinha começado a agir. E assim como Ele tirou as pessoas sem chamado, Ele traria as pessoas com chamado. E Ele o fez! Ele sempre faz! Precisamos estar atentos para ouvir a Sua voz por meio das circunstâncias, sejam elas favoráveis ou não.

9. PAZ, INTUIÇÕES E IMPRESSÕES NO ESPÍRITO

Você já parou no meio do dia com a impressão de que tem algo errado acontecendo? Já parou em determinado lugar e sentiu que algo iria acontecer ou estava acontecendo? O Espírito Santo também fala por meio de nossa intuição e impressões, pois, a partir do momento que Ele habita em nós e somos batizados por Ele, todas as partes do nosso ser — espírito, alma e corpo — são inundadas por Sua pessoa e presença.

Deus fala por intermédio de nossa intuição. Nosso coração é enganoso até o momento em que Jesus entra n'Ele; depois disso, porém, o Espírito Santo o guia, fazendo que ele fique apertado em certas situações e sinta paz em outras. Por isso, é necessário estarmos sensíveis à voz de Deus, que pode vir como um trovão ou como um sussurro.

10. SINAIS SOBRENATURAIS

O termo "sinal" aparece na Bíblia mais de cem vezes. Os sinais ou sinalizações naturais nos mostram para onde estamos indo, onde estamos chegando ou o que devemos fazer. Por outro lado, os sinais bíblicos são diferentes, justamente por serem sobrenaturais. É por meio deles que Deus escolheu falar com Seu povo diversas vezes. Um grande exemplo de sinal bíblico é o arco-íris. Todas as vezes que olhamos um arco-íris podemos ouvir Deus falar sobre a Sua fidelidade e amor.

No Antigo Testamento, o povo de Israel teve vários sinais sobrenaturais da presença de Deus; além do arco-íris, o maná é outro deles. Era algo sobrenatural que mostrava o cuidado de Deus pela nação.

O sinal não existe para ser adorado, mas para que seja uma indicação ou marca de que Deus está presente ali ou outra maneira de Deus falar. Quando estamos debaixo de Sua vontade, Ele pode confirmar uma ordem ou nos mostrar que estamos no caminho certo ou na hora certa, através de sinais.

A Bíblia não limita as formas como Deus pode se apresentar por meio dos sinais, porque Ele é ilimitado. Não podemos dizer que algo é ou não é de Deus porque não foi relatado na Bíblia, mas podemos usá-la para saber se aquele sinal é coerente com a natureza de Deus.

Vamos pensar no sinal sobrenatural como uma placa de trânsito que está na estrada para nos mostrar a que distância estamos do nosso destino. Não ficamos parados adorando aquela sinalização, mas ao enxergarmos aquela placa, temos ainda mais convicção de que estamos no caminho certo, não é mesmo? Assim são os sinais sobrenaturais. Eles não são feitos para serem adorados, mas para servirem como meios pelos quais Deus fala e revela a Sua vontade.

Na Geração 5.2 é comum acontecer a manifestação do Espírito Santo por intermédio de pó de ouro aparecendo nas mãos das crianças. Após um momento muito intenso de adoração as crianças ficam com muito pó de ouro nas mãos e sempre falamos que esse é um sinal sobrenatural da presença do Senhor em nosso meio. Aproveitamos para dizer a elas que elas podem levar a Sua presença por onde forem.

Quanto mais sensíveis estivermos ao Espírito Santo mais seremos capazes de enxergar os sinais.

Muito provavelmente você já deve ter sido exposto a vários sinais sobrenaturais, mas não os percebeu. Seja intencional durante a adoração ficando atento aos sinais sobrenaturais que podem acontecer. Peça a Deus para apurar a sua percepção, a fim de conseguir ver os sinais que estão ao seu redor. Ensine as crianças a perceberem esses sinais também, com certeza a sua vida e a delas se tornarão bem mais surpreendentes e empolgantes.

CAPÍTULO 9

EXPRESSANDO A MENTE E O CORAÇÃO DE DEUS

LUCAS HAYASHI

Depois que as crianças aprenderem a ouvir a voz de Deus, é necessário ensiná-las a entender o que Deus está querendo dizer. Mas é certo que nem sempre compreenderemos e elas também não, já que os pensamentos de Deus são muito mais elevados que os nossos e os caminhos d'Ele, muito mais altos que os nossos (Isaías 55.9).

Logo que a criança percebe Deus falando com ela, seja pela Bíblia, por circunstâncias, visões, sonhos ou outras inúmeras maneiras, conforme vimos no capítulo anterior, o segundo passo é saber a quem se destina o que Ele está falando. Algumas vezes são palavras destinadas à própria criança, mas há casos em que pode ser para algum familiar, pessoas da escola ou da igreja, e até para pessoas que ela ainda nem conhece, mas que vai conhecer. Entretanto, descobrir a quem se destina cada palavra só é possível por meio do relacionamento com Deus. Nem sempre a criança compreenderá o que significa aquela imagem ou sonho que Deus lhe mostrou ou aquilo que Ele lhe disse, mas pode saber a quem deve ser entregue e encontrar a maneira correta de expressar essa mensagem.

O SIGNIFICADO

Crianças são naturalmente sinceras. Inclusive, costumamos dizer que são sinceras até demais. Elas deixam claro quando gostam e também quando não gostam de algo, expressando seus sentimentos sem se importar com o que as pessoas pensarão ou falarão.

Quando conversam com Deus sobre algo que Ele lhes mostrou e elas não têm a compreensão do que aquilo significa, isso não quer dizer que elas não ouviram algo de Deus. Em alguns casos, pode ser que Deus simplesmente não quis revelar o significado, e se fizer isso, Ele terá Seus motivos. Eventualmente, Ele pode mostrar algo e dizer a quem é destinada a mensagem, mas não revelar o significado para a criança. Isso pode acontecer porque a palavra, por si só, já fará todo sentido para a pessoa que a receber, ainda que não faça sentido algum para o mensageiro.

Dentro disso, é essencial lembrarmos que não devemos forçar algo que elas, ou até mesmo nós, não estejam ouvindo ou compreendendo. Se insistirmos em que elas descubram, a todo custo, o significado do que Deus lhes mostrou, podemos colocar um peso sobre elas ou estimulá-las à manipulação, quando não receberam a revelação de Deus sobre o que viram ou ouviram; isso pode estragar tudo o que elas estavam desenvolvendo com Deus. Em alguns momentos, não fará sentido algum para nós, mas pode ser a resposta certeira para aquele que receberá a mensagem. Vale recordar o que Zacarias 4.6 diz: "Não por força nem por violência, mas pelo meu Espírito, diz o SENHOR dos Exércitos" (*Almeida Revista e Corrigida*).

Deus usa as coisas loucas para confundir as sábias e as fracas para confundir as fortes. Não compreenderemos todas as coisas racionalmente, e isso se aplica também ao que ouvimos de Deus. Nem tudo fará sentido no momento exato em que ouvimos algo de Deus. Mas em muitos casos também, Ele fala de maneira muito explícita, tanto no sentido quanto no significado. Quando isso acontecer, basta obedecermos e entregarmos a palavra ao destinatário que Deus nos mostrar.

Certa vez uma criança de 7 anos estava almoçando com um casal de adultos que não a conhecia tão bem, já que estes eram amigos de seus pais e moravam em outro país. Durante o almoço, a criança virou-se para a mulher e disse que tinha tido uma visão com ela. Naquele mesmo instante, todos pararam o que faziam para ouvir sobre a visão. Então, aquele menino começou a descrever o que viu: ele via aquela mulher andando em uma rua "esquecida". À medida que ela andava por aquela rua, muitas plantas começavam a crescer. E foi isso. Aparentemente, aquelas palavras não faziam sentido algum para as pessoas à mesa. Mas para a mulher a quem a visão se referia, fazia todo sentido. Ela ficou extremamente espantada com o que ele havia revelado. Em seguida, contou a todos que no país em que estava morando, ela havia começado um evangelismo de rua com garotas de programa. A rua onde isso acontecia era conhecida como "rua esquecida"! Semanas tinham se passado, e ela não havia notado nenhum fruto daquele trabalho e, por isso, estava pensando em parar com o evangelismo. Depois que ouviu o relato da visão, ela entendeu perfeitamente o recado de Deus para ela. Não somente isso, mas o menino ainda falou que via um nome para o casal: Isabela. Sem conseguirem reagir direito, eles contaram a respeito do quanto queriam ter filhos e tinham mencionado, semanas atrás, que se tivessem uma menina, lhe dariam o nome Isabela. No ano seguinte, aquela mulher engravidou de uma menina, em quem colocaram o nome Isabela.

Esta é apenas uma de tantas histórias que nos mostram ser possível uma mensagem de Deus não ter significado algum para o mensageiro, mas ser algo absolutamente claro para o destinatário. Não só isso, como também pode trazer direções preciosas para a vida e a família da pessoa a quem se destina. Note que, tanto ela quanto o marido se sentiram muito amados por Deus, por Seu cuidado específico e a forma tão especial como falou com eles. Portanto, tenha sempre em mente que, muitas coisas podem não fazer sentido ou carregar um significado claro para nós, mas podem ser extremamente valiosas para quem recebe aquela palavra. Muitas vezes, nós, adultos, não expressamos aquilo que Deus nos disse, por medo de errar. Por esse motivo, acabamos lutando contra as palavras que Deus nos entregou, por medo de não fazer sentido para a pessoa e passarmos vergonha. Agora, pense. Imagine se aquele menino não contasse a visão para a mulher. Ele deixaria de ser usado por Deus e perderia a grande oportunidade de vê-lO em ação. Quantas vezes nos calamos por medo de errar ou de ser envergonhados diante de outros. Precisamos nos posicionar contra esse orgulho disfarçado e começar a cultivar um coração como o de uma criança, que ouve a voz de Deus e obedece a ela sem se preocupar com sua reputação.

OBEDECENDO À VOZ DE DEUS

A voz de Deus não é apenas para ser ouvida, mas obedecida. Quando ouvimos devemos obedecer. Além da consciência e outras maneiras que já foram mencionadas no capítulo anterior, a Palavra de Deus é também uma das maneiras pela qual Deus fala conosco, e devemos ser fiéis a ela, tanto nas coisas básicas e simples quanto nas mais profundas e complexas. Esse é o princípio da fidelidade. Quando somos fiéis nas coisas menores, Ele nos confia coisas maiores. Deus dá a cada um, segundo a sua capacidade de obedecer e ser fiel.

Quando as crianças têm um encontro pessoal com Deus e experimentam o Seu amor, automaticamente, elas O amarão. João escreveu: "Nós o amamos porque Ele nos amou primeiro" (1João 4.19). No entanto, a Palavra é bem clara a respeito daqueles que realmente amam a Deus: "Aquele que tem os meus mandamentos e os guarda, esse é o que me ama; e aquele que me ama será amado de meu Pai, e eu também o amarei e me manifestarei a ele." (João 14.21).

Quem ama e ouve a voz do Seu amado, obedece a tudo que Ele diz. Ouvir e obedecer tem a ver com o amor que experimentamos no passado e continuamos experimentando diariamente em nosso relacionamento com Deus e na revelação do amor que Ele tem por nós. Da mesma forma, acontece com as crianças. Primeiro, elas obedecem àquilo que Deus lhes disse, seja por intermédio da Bíblia, da consciência, dos pais ou outras maneiras. Acontece também de Deus falar não para as crianças, mas por meio delas; e elas obedecem. Deus quer que elas transmitam a outros aquilo que ouviram d'Ele, sendo mensageiras de Deus. Nesses casos, elas também devem ouvi-lO e obedecer ao que Ele ordenar, dizendo apenas aquilo que Ele mostrou a elas. As crianças falam sem medo; elas não têm a necessidade de encontrar sentido no que devem compartilhar, pois simplesmente obedecem, diferentemente do que acontece conosco, os adultos. Diversas vezes alimentamos o medo e o receio de passar vergonha, tornando-nos maus mordomos pela falta de obediência à voz de Deus.

A vergonha e o medo de errar são desculpas que muitos adultos usam para não expressar aquilo que Deus lhes revelou. Dessa forma, eles roubam de si mesmos a oportunidade de serem usados por Deus, além de roubarem do destinatário a mensagem que Deus tinha para ele. A verdade é que a raiz desse medo e vergonha é o orgulho. Da mesma maneira, alguém pode se envaidecer e ensoberbecer por revelar algo da parte de Deus; ambos têm raiz no orgulho, e sabemos que Deus resiste aos orgulhosos, concedendo Sua graça somente aos humildes. Não podemos esquecer que somos apenas os mensageiros do Senhor, instrumentos nas habilidosas mãos do Deus vivo. Quem cura, fala e revela é Ele.

Imagine que um carteiro vá até sua casa, levando um presente postado por um amigo seu, residente em outra cidade. O carteiro, então, toca a campainha, você abre a porta e fica maravilhado com o presente que recebeu de seu amigo. No entanto, ainda que estivesse feliz e deslumbrado com a entrega, não iria abraçar beijar e agradecer ao carteiro, afinal, não foi ele quem comprou e deu-lhe o presente, certo? Você ligaria para seu amigo e lhe agradeceria pelo presente, prometendo que, ao se encontrarem, você iria abraçá-lo e agradecer--lhe pessoalmente. O carteiro ficou orgulhoso de si mesmo pelo presente que lhe entregou? Não! Nem deveria, pois quem comprou e enviou o presente foi o amigo do destinatário e não ele.

Semelhantemente, quando entregamos uma mensagem de Deus a alguém, somos como esse carteiro, que não tem qualquer mérito pela entrega, mas que obedece e cumpre seu trabalho. É interessante analisarmos que se não entregarmos os "presentes" não estaremos cumprindo nosso trabalho. Precisamos obedecer a Deus e entregar às pessoas o que Ele nos tem confiado, não retendo presentes e mensagens divinas de seus respectivos destinatários.

O DESTINATÁRIO

Deus sempre está falando, com adultos e com crianças. Ele é um Deus relacional e criou o ser humano para ter um relacionamento com Ele. Isso é tão real que, quando o homem pecou e, consequentemente, teve a morte espiritual, foi expulso do jardim do Éden, mas Deus queria tanto relacionar-se conosco que enviou Jesus para morrer em nosso lugar e nos remir de todos os pecados, nos dando, assim, uma nova vida de relacionamento eterno com Ele. Portanto, é desejo de Deus relacionar-se conosco de forma cada vez maior e melhor; não somente com alguns, mas com todos nós. Ele enviou Jesus por todos e não apenas para alguns.

Por isso, é de extrema importância incentivarmos as crianças a buscarem a Deus por intermédio de um relacionamento simples e real, porque à medida que desenvolverem seus próprios relacionamentos com Ele, também ficarão mais sensíveis a Sua voz, entendendo por si mesmas os significados do que Ele lhes mostrou e para quem aquilo se destina.

Há algum tempo, nossa igreja local estava passando por um período de jejum coletivo chamado 40 dias em Sião, e por isso decidimos fazer uma sala de oração 24/7 até o final daquele tempo. Naqueles dias, buscávamos direção de Deus para o nosso ano e também clamávamos por um avivamento. Nos 40 dias ininterruptos de oração, tínhamos turnos de orações direcionadas a cada 2 horas. Em um daqueles dias, estávamos orando na sala com algumas crianças e elas começaram a desenhar coisas que Deus lhes tinha revelado. Uma delas, um garotinho de 5 anos de idade, desenhou uma moto. Perguntei a ele o que era aquilo e ele respondeu que Deus havia lhe mostrado uma moto em alta velocidade. Em seguida, perguntei para quem era aquele desenho: se era para ele, para alguém que estava naquela sala, para os pais ou para algum amiguinho. Ele disse que não sabia. Então, incentivei-o a perguntar para Deus. Sem pensar duas vezes, ele se ajoelhou e começou a conversar com Deus. Cinco minutos mais tarde, ele veio até mim dizendo que já sabia a quem o desenho se destinava. Ele disse: "Esse desenho é para a igreja!".

Então perguntei a ele: "Mas qual igreja?". Após orar novamente durante algum tempo, ele disse: "É para a Igreja Monte Sião!". Para entender melhor, perguntei a ele o que Deus queria dizer para a Igreja Monte Sião, com uma moto em alta velocidade?", e uma vez mais o menino foi falar com Deus enquanto a reunião de oração continuava. Depois de vinte minutos, ele veio a mim dizendo que já tinha uma resposta. Naquele momento, todos paramos de orar e olhamos para ele esperando que nos dissesse qual era a resposta do Senhor. "Neste ano", disse ele, "Deus vai dar um crescimento que vai ser muito rápido para Igreja Monte Sião, igual a essa moto em alta velocidade!". Uau! Aquilo fez todo o sentido, e veio como confirmação ao que muitos já estavam sentindo de Deus. E o melhor é que, de fato, naquele ano tivemos na igreja um crescimento como nunca havíamos experimentado antes em nossa comunidade. Deus revelara o significado e também o destinatário daquela mensagem.

Outra história, que ilustra perfeitamente esse assunto, aconteceu certa vez quando uma de nossas crianças teve a visão de um macaco; não o animal, mas o instrumento que levanta o carro para trocar o pneu. A criança, mesmo conversando com Deus a respeito da visão, não tinha recebido a revelação de seu significado nem do destinatário daquela mensagem. Então, a criança simplesmente guardou aquela imagem. Passadas algumas semanas, um adulto pediu para que ela orasse por ele. Enquanto orava, a mesma visão do macaco veio em sua mente, e em seguida a expressão "novo lugar". Sem duvidar, ela entendeu que a palavra era para aquele momento e para aquela pessoa, então perguntou: "Faz sentido para você um macaco, daqueles usados para levantar carros, e a expressão "novo lugar?". Instantaneamente, o rapaz que estava recebendo a palavra começou a chorar, e disse: "Eu ia pedir oração exatamente por isso. Tenho uma mecânica de automóveis e tinha encontrado um novo lugar para instalar minha oficina, mas não sabia se era para fazer isso ou não, então, havia decidido pedir oração para saber qual era a direção de Deus para mim e, antes mesmo de receber a oração, Ele me respondeu! Faz todo o sentido!". No início, aquela mensagem de Deus não tinha um significado ou destinatário específicos, até o momento em que Ele decidiu revelar à criança. Aquela palavra, por sua vez, abriu o coração daquele rapaz, que foi ministrado com muito amor.

Precisamos ter a atitude de obediência e saber a forma certa de falar, assim, cresceremos e amadureceremos no profético.

Deus está sempre falando conosco, mas muitas vezes não separamos tempo para ouvi-lO ou não estamos percebendo a Sua voz por inúmeras razões. Uma das razões é porque estamos muito ocupados e preocupados com as coisas deste mundo. É claro que precisamos ser responsáveis com nossas coisas, mas devemos buscar, em primeiro lugar, o Reino de Deus e Sua justiça (Mateus 6.33), e amá-lO com todo o nosso coração, alma e entendimento (Mateus 22.37), dessa forma priorizaremos nosso relacionamento com Ele e Lhe daremos ouvidos.

O relacionamento com Deus é a única maneira que nos habilita a discernir os tempos, palavras e os Seus direcionamentos. Quando uma criança recebe uma visão, sonho ou qualquer outra manifestação de Deus, usada para se comunicar com ela, mas ela não sabe quem é o destinatário a quem deve entregá-la, a incentivamos a perguntar isso a Deus. Assim ela também passa a aprender a ouvir do próprio Deus, tanto o significado quanto para quem é a mensagem de Deus.

SER PROFÉTICO, PROFETA E PROFECIA

Existe uma grande diferença entre ser um profeta e ser uma pessoa profética. Quando nos referimos ao profeta, automaticamente, atribuímos a ele a responsabilidade do ofício de profeta. Este, portanto, carrega uma autoridade e unção específica para esse cargo. Ou seja, isso não significa que quem tem o dom da profecia seja um profeta por ofício, capacitado pelos cinco ministérios de Cristo, mencionado em Efésios 4.11.

Agora, uma pessoa profética nada mais é do que um cristão que já teve o novo nascimento, foi batizado nas águas, foi batizado no Espírito Santo, tem um andar no Espírito, conhece e vive a Palavra de Deus em seu dia a dia e, por isso, tem certa autoridade espiritual. Este, contudo, não se assemelha a um profeta de ofício em autoridade.

> E acontecerá, depois, que derramarei o meu Espírito sobre toda a carne; vossos filhos e vossas filhas profetizarão, vossos velhos sonharão, e vossos jovens terão visões; até sobre os servos e sobre as servas derramarei o meu Espírito naqueles dias. (Joel 2.28)

A profecia de Joel nos revela que o Espírito Santo de Deus seria derramado sobre todos, fazendo que os filhos e filhas profetizassem, os velhos sonhassem e os jovens tivessem visões. Isso demonstra que o Espírito Santo é derramado sobre pessoas de todas as idades, inclusive sobre as crianças. De forma cada vez mais intensa e comum, temos visto crianças se moverem nos dons do Espírito, terem visões angelicais e manifestarem sinais sobrenaturais. Claramente percebemos que algumas delas serão profetas de ofício, mas, ainda assim, a maioria que não recebeu esse dom, já é uma pessoa profética.

De acordo com o relacionamento desenvolvido com Deus Pai, com Jesus e o Espírito Santo, associado às suas experiências de vida, cada criança cresce em nível de autoridade no mover profético e progride à medida que amadurece, emocional e intelectualmente, no andar com o Espírito Santo.

Tudo o que expusemos neste capítulo e no anterior, significa ser profético, mas para uma definição mais didática e melhor compreensão, veremos o que as Escrituras nos dizem em relação à profecia, como isso é aplicado à nossa vida e como podemos e devemos ensinar isso às crianças.

Em 2Pedro 1.20 diz:

> ... sabendo, primeiramente, isto: que nenhuma profecia da Escritura provém de particular elucidação; porque nunca jamais qualquer profecia foi dada por vontade humana; entretanto, homens [santos] falaram da parte de Deus, movidos pelo Espírito Santo.

É possível notar aqui que nenhuma profecia vem de interpretação pessoal. Ou seja, embora a profecia seja proferida por seres humanos, sua interpretação e compreensão não vêm da mente de quem profetiza, mas de Deus. O versículo 21 nos revela que nenhuma profecia foi dada por vontade humana, mas por Deus, pelo Espírito Santo.

Isso quer dizer que a profecia significa expressar a mente e o coração de Deus, segundo a revelação do Espírito Santo. Sem o Espírito Santo não conseguimos profetizar, porque não temos acesso à mente e ao coração de Deus.

A primeira carta aos Coríntios afirma: "Porque qual dos homens sabe as coisas do homem, senão o seu próprio espírito, que nele está? Assim, também as coisas de Deus, ninguém as conhece, senão o Espírito de Deus." (2.11). Em outras palavras, quem recebe o Espírito de Deus, por intermédio do novo nascimento, está apto a entender as coisas que vêm de Deus.

O versículo 12 complementa a ideia, afirmando: "Ora, nós não temos recebido o espírito do mundo, e sim o Espírito que vem de Deus, para que conheçamos o que por Deus nos foi dado gratuitamente" (1Coríntios 2.12). Logo, o indivíduo profético, pelo Espírito Santo, pode conhecer a mente, o coração e as coisas de Deus, mas também fala aquilo que lhe é ensinado e para o qual é direcionado e impelido pelo Espírito Santo, conforme declara o versículo 13: "Disto também falamos, não em palavras ensinadas pela sabedoria humana, mas ensinadas pelo Espírito, conferindo coisas espirituais com espirituais".

Como mencionamos anteriormente, muitas vezes não compreenderemos o que está na mente de Deus, ainda mais quando analisamos coisas espirituais apenas com nossa mente. Para quem não tem o Espírito Santo e não é alguém profético, tudo isso pode parecer loucura e até mesmo inaceitável, mas isso ocorre porque coisas espirituais não podem ser compreendidas sob perspectiva natural humana. Em 1Coríntios 2.14 lemos: "Ora, o homem natural não aceita as coisas do Espírito de Deus, porque lhe são loucura; e não pode entendê-las, porque elas se discernem espiritualmente".

Aqui, novamente voltamos ao ponto de partida. Tudo tem início com o novo nascimento, quando o Espírito Santo de Deus passa a habitar naqueles que nascem d'Ele. Em seguida, com o batismo no Espírito Santo, o conhecimento a respeito da mente de Deus e o fluir no sobrenatural serão progressivos, de acordo com o andar e o imergir no Espírito.

Sempre ministramos às crianças sobre o evangelho da salvação, para que tenham a oportunidade de se decidir por iniciativa própria e ter a maravilhosa experiência do novo nascimento. Da mesma maneira, ministramos frequentemente o batismo no Espírito Santo, mas antes sempre ensinamos a respeito de sua importância. Assim, as crianças entendem e passam a desejar e buscar este batismo, bem como a desenvolver um relacionamento com a pessoa do Espírito Santo. Esses são os primeiros passos para se tornar profético e profetizar.

Muitos perguntam se as crianças podem profetizar. Sim. Se elas têm o Espírito Santo e ouvem o que Deus diz, então podem expressar aquilo que ouviu d'Ele. A Bíblia nos diz que devemos buscar com zelo os dons, principalmente o de profetizar: "Segui o amor e procurai com zelo os dons espirituais, mas principalmente o de profetizar [...] o que profetiza fala aos homens, edificando, exortando e consolando" (1Coríntios 14.1-3; *ARC, Almeida Revista e Atualizada*). O profeta Joel, no capítulo 2 de seu livro afirma que o Espírito Santo seria derramado sobre TODA carne, o que inclui as crianças.

MANEIRAS DE EXPRESSAR A VOZ DE DEUS

A profecia sendo a expressão da mente e do coração de Deus, segundo o Espírito Santo, é uma forma de Deus se comunicar, e, por isso, pode acontecer de diversas maneiras como:

1. FALA

A fala talvez seja o modo mais habitual e simples de expressar aquilo que queremos dizer a alguém. Com Deus também é assim. Por meio dela podemos expressar o que o Espírito Santo nos revelou diretamente da mente e do coração de Deus, por meio de orações, declarações e declamações.

Ao lermos um trecho da Bíblia e declararmos essas verdades sobre alguém, estamos expressando a mente e o coração de Deus para ela. Esse é um exemplo muito simples, mas que não deixa de ser algo profético. A própria Palavra de Deus nunca volta vazia. Ela traz vida, luz, direcionamento, alinhamento, exortação e transformação para a vida das pessoas.

2. MÚSICA

A música também é um forma de expressão. É interessante notar que, ao longo da Bíblia, ela sempre esteve relacionada com a profecia. Em 2Reis 3.15, o profeta Eliseu manda chamar um músico e, no momento, em que este tocava, o poder de Deus descia sobre ele para profetizar. Neste caso, a música trazia o poder de Deus sobre o profeta Eliseu.

No livro de Salmos, diversas profecias eram reveladas por meio da música cantada e tocada. Exemplo disso é o Salmo 46.

A música foi criada por Deus e é algo tão lindo! Quando inspirada pelo Espírito Santo se torna sobrenatural a ponto de podermos sentir uma mudança na atmosfera, de modo que o céu se torna quase que palpável na Terra.

Diversas vezes observamos crianças cantando melodias com letras inspiradas pelo Espírito Santo de forma tão espontânea, que trazem alegria, edificação e transformação na atmosfera em que estão.

3. ARTES MANUAIS

As artes plásticas, artesanatos, esculturas, costura, bordado são considerados arte. A Bíblia nos relata também a existência da arte do perfumista, do padeiro (culinária), arquiteto e desenhista. Arte é, por definição, uma maneira de manifestar, comunicar ou expressar sentimentos e emoções. Sabemos que Deus também é uma pessoa que tem sentimentos e emoções. Toda obra de arte comunica uma mensagem e quando é inspirada pelo Espírito Santo pode, então, comunicar aquilo que está em Sua mente e coração.

Sabemos que é o desejo de Deus falar a todas as pessoas e ter um relacionamento com elas. Algumas crianças podem não saber ler e escrever, por exemplo, mas isso não significa que Deus não possa falar com elas por meio de visões, sonhos, aparições angelicais, dentre outras maneiras. Igualmente, as respostas dessas crianças para Deus pode ser expressa por desenhos e pinturas que, quando inspirados pelo Espírito Santo, chamamos de artes ou desenhos proféticos.

Na prática é simples. Apenas proporcionamos um ambiente propício para a intimidade com Deus, trazendo a atmosfera celestial e clamando pela presença do Espírito Santo na vida das crianças. A maioria delas já tem o Espírito Santo e uma caminhada com Ele. Então, oramos pedindo a Deus que fale com cada uma delas e após algum tempo elas ouvem de Deus ou veem algo que Ele lhes mostrou por meio de visões, impressões no espírito e até da imaginação delas. Em seguida, elas desenham ou pintam de acordo com o que viram, sentiram ou experimentaram pelo Espírito Santo.

Como mencionamos, às vezes é um desenho ou pintura que não faz sentido algum para elas. Por isso, é importante elas perguntarem a Deus qual o significado e o destinatário daquela mensagem.

4. EXPRESSÃO CORPORAL

A expressão corporal como a dança, por exemplo, também é uma forma de arte, e, quando é inspirada pelo Espírito Santo, pode expressar sentimentos ou emoções que estão em Seu coração por meio de danças, mímicas e gestos.

5. ESCRITA

A escrita também é uma forma de se expressar. Podemos ser inspirados por Deus para escrever um poema, um texto, um livro ou algo que seja inspirado pelo Espírito Santo e que traga edificação, exortação ou consolo.

ATOS PROFÉTICOS

Atos proféticos são ações realizadas no natural, físico e terreno, mas que têm repercussão espiritual, até mesmo no mundo natural, porém de forma sobrenatural. Estas ações ou atos são orientados e direcionados por Deus e, por isso, são proféticos.

O termo "ato profético" não é encontrado na Bíblia, mas são chamados assim, pois se tratam de ações realizadas por homens de Deus direcionados por Ele. Os atos proféticos podem, em diversos momentos, não fazer sentido algum aos olhos naturais, mas quando passos de obediência e fé são realizados, algo sobrenatural acontece, tanto no mundo natural quanto no mundo espiritual. A seguir, alguns exemplos bíblicos de atos proféticos:

I. OS MUROS DE JERICÓ

> Vós, pois, todos os homens de guerra, rodeareis a cidade, cercando-a uma vez; assim fareis por seis dias. Sete sacerdotes levarão sete trombetas de chifre de carneiro adiante da arca; no sétimo dia, rodeareis a cidade sete vezes, e os sacerdotes tocarão as trombetas. E será que, tocando-se longamente a trombeta de chifre de carneiro, ouvindo vós o sonido dela, todo o povo gritará com grande grito; o muro da cidade cairá abaixo, e o povo subirá nele, cada qual em frente de si. (Josué 6.3)

Cercar uma muralha durante seis dias, e no sétimo rodeá-lo sete vezes, enquanto sacerdotes tocavam trombetas e o povo gritava, não parece ter muita lógica. Não existe uma explicação científica ou uma elaborada estratégia militar para isso. Aos olhos humanos é uma loucura completa esperar que os muros caíssem após essa estratégia, principalmente se tratando das muralhas de Jericó, que eram muito fortalecidas e resistentes. Entretanto, todo o plano foi direcionado por Deus, e também incluiu passos de obediência e fé por parte de Josué e de todo o povo. Ao obedecerem, um romper natural aconteceu de forma sobrenatural: a muralha de Jericó caiu!

2. A CURA DE NAAMÃ

Naamã, comandante do rei da Síria, estava leproso, por isso, sua serva lhe sugeriu que procurasse o profeta Eliseu para ser curado. Ao chegar na casa do profeta, Naamã, esperando que ele viria atendê-lo, decepcionou-se ao ver que o profeta lhe havia mandado um mensageiro para dizer que ele deveria ir ao rio Jordão e mergulhar sete vezes para receber a sua cura. O comandante ficou indignado, já que aquilo não fazia o menor sentido. A Bíblia nos conta que a expectativa de Naamã era que Eliseu o encontrasse, estendesse a mão sobre seu corpo tomado pela lepra, e ele fosse curado.

Contudo, os servos de Naamã insistiram com ele para que fizesse aquele ato profético. Convencido por seus servos, aquele homem se dirige ao rio Jordão, mergulha sete vezes e, então, é totalmente curado da lepra: "Então, desceu e mergulhou no Jordão sete vezes, consoante a palavra do homem de Deus; e a sua carne se tornou como a carne de uma criança, e ficou limpo." (2Reis 5.14).

O romper na vida de Naamã foi consequência do ato profético de mergulhar sete vezes no rio Jordão. Não há uma explicação médica que embase essa cura e não faria nenhum sentido se não fosse um direcionamento da parte de Deus, seguido de passos de obediência e fé. Mais uma vez, um ato natural trouxe um romper sobrenatural.

Atos proféticos são ações (atitudes ou palavras) que conectam e apontam para o reino espiritual (celestial), tendo consequências no reino físico de forma sobrenatural.

Todos os anos, realizamos viagens missionárias com as crianças que passaram para o ministério de adolescentes da igreja. O objetivo dessas viagens é encerrar uma fase da vida, a infância, e também ter um momento em que fazemos alguns atos proféticos, quando Deus nos direciona. Em outras palavras, é como se fosse uma viagem missionária de formatura.

No ano de 2014 fomos ao Rio de Janeiro. Ao visitar o Cristo Redentor, oramos e declaramos que todos que fossem ali teriam um encontro real com o verdadeiro Jesus Cristo. Visitamos também a Baía da Guanabara, onde aconteceu o primeiro culto evangélico, realizado por missionários que foram assassinados tempos depois, tornando-se os primeiros mártires no Brasil. Naquele lugar, declaramos, em um ato profético, que dali surgiriam muitos outros missionários que levariam o evangelho para todos os países. Mesmo que uma semente tivesse morrido, ela daria muitos frutos, como a vida daqueles mártires.

Ao subir a floresta da Tijuca, sentimos a direção de Deus para orarmos por terras. As crianças até perguntaram para que seriam as terras. Dissemos que era para investir no Reino de Deus e expandi-lo por meio de ideias que Ele daria. No ano seguinte, Deus nos deu uma grande fazenda com 260 alqueires para construir o Seu sonho envolvendo jovens brasileiros e de todas as nações. Vimos inúmeros romperes depois desses atos proféticos e cremos que ainda veremos as consequências físicas e espirituais de todos os atos proféticos que fomos direcionados a fazer pelo Espírito Santo.

Em outra ação missionária durante o carnaval, em uma cidade no interior de São Paulo, fizemos uma programação de evangelismo de rua nos arredores do sambódromo. Ficamos sabendo que a festa de carnaval teria início oficial naquela tarde, quando o prefeito entregaria as chaves da cidade ao rei momo. Cientes disso, corremos para pegar aquelas chaves das mãos do prefeito antes que ele as entregasse para o rei momo. Parecia loucura aos olhos humanos, mas fizemos o que pretendíamos fazer.

Conseguimos acesso ao lugar por onde ele passaria e iniciamos uma conversa. Oramos com ele e pedimos as chaves da cidade, que era simbolizada por uma grande chave de isopor com purpurina colorida. Chave significa autoridade e domínio. Ao fazermos aquele pedido, ele ficou com uma cara de interrogação, creio que perguntando para si mesmo, o que nós queríamos fazer com aquela chave. Imediatamente, pegamos a chave, afirmando para o prefeito que tiraríamos uma foto. Cumprimos com nossa palavra, e, com a chave em mãos, aproveitamos para declarar que toda a autoridade e domínio daquela cidade estava, a partir dali, em nossas mãos! Durante aquele carnaval, no último dia de desfile, uma confusão interna aconteceu entre os organizadores, que acabaram cancelando o fim da festa! No ano seguinte, reduziram o carnaval de três dias para apenas um. Ao final, tivemos de ir para a cidade vizinha fazer nosso evangelismo, porque o carnaval naquela cidade tinha praticamente acabado!

Atos proféticos afetam e destravam o mundo espiritual, trazendo consequências para o mundo natural de forma sobrenatural. Ouvimos as direções de Deus, entendemos a Sua mente e coração, e fazemos. Outras vezes, não compreendemos, mas obedecemos e ativamos nossa fé. Quando a criança experimenta essa realidade, a vida delas é marcada e a fé que elas têm cresce e amadurece. A experiência com Deus e o sobrenatural não podem ser negada a elas.

CAPÍTULO 10

OS PROPÓSITOS DA PROFECIA

LUCAS HAYASHI

De acordo com o que a Palavra nos revela, a profecia tem propósitos específicos, por isso devemos nos ater a eles, como também ensiná-los às crianças e verificar se esses conceitos tão fundamentais estão sendo atingidos no momento em que elas profetizam.

De acordo com 1Coríntios 14.3, a profecia tem três propósitos: edificar, exortar e consolar. Esse último pode ser entendida também como encorajar. É para isso que a profecia vem.

É interessante analisar que, uma vez que profetizar é expressar a mente e o coração de Deus, segundo o Espírito Santo, atentando para estes três propósitos, podemos concluir que a Palavra de Deus, escrita pela instrumentalidade de homens inspirados pelo Espírito Santo, revela a mente e o coração de Deus e, por isso, contém inúmeras profecias e palavras que nos edificam, exortam e encorajam.

Declarar a Palavra de Deus é uma das formas de profetizar e ensinar as crianças a profetizarem, pois ela traz edificação para a nossa alma, espírito e até para o nosso corpo. Além disso, ela traz exortação, encorajamento, consolo e conforto em inúmeras situações e circunstâncias.

Uma das maneiras de treinarmos as crianças a profetizar é por meio da leitura constante e assídua da Bíblia. Ter suas verdades impressas na mente e no coração, possibilita que elas declarem a Palavra de Deus e Suas verdades, além de torná-las aptas a discernir o que vem de Deus e o que não vem, já que todas precisam ter respaldo bíblico. A Palavra por si só já é sobrenatural e gera realidades sobrenaturais. Quando guardamos as Escrituras em nosso coração, semeamos oportunidades de liberar palavras de vida nos momentos em que precisarmos abrir nossa boca para revelar a mente e o coração de Deus a nós mesmos ou a outras pessoas. Por isso, é necessário questionarmos: O que tem enchido o coração de nossas crianças? Será que temos agido intencionalmente para que elas estejam cheias da Palavra de Deus e dos princípios e verdades nela contidos?

As Escrituras afirmam que a boca fala aquilo de que o coração está cheio (Mateus 12.34) e vai além, dizendo que o que sai da boca procede do coração, e isso é o que traz contaminação às pessoas (Mateus 15.18). Devemos sempre estar em alerta a fim de proteger o coração de nossas crianças daquilo que pode contaminá-lo, mas precisamos lembrar que o coração humano é território que não pode ficar vazio; é nosso dever enchê-lo com o conteúdo da Bíblia.

Vejamos, individualmente, cada um dos propósitos da profecia, de acordo com as Escrituras.

EDIFICAR

A profecia inspirada pelo Espírito Santo sempre terá o propósito de edificar e nunca causar dano, destruição, vergonha, sentimento de opressão ou a promoção de quem a profere. Sabemos quando uma profecia atingiu o propósito correto, quando expressamos algo que veio do Espírito Santo e isso gerou edificação e crescimento para a vida de alguém. "Agora, pois, encomendo-vos ao Senhor e à palavra da sua graça, que tem poder para vos edificar e dar herança entre todos os que são santificados." (Atos 20.32).

A Palavra de Deus tem poder para edificar e dar herança. Ela traz à existência coisas que ainda não existem. Foi assim que Deus criou a Terra. Por meio da Sua palavra, Ele construiu o mundo com as declarações que vinham de Sua boca. Nós fomos feitos à imagem e semelhança do nosso Deus Criador e, quando ouvimos a Sua voz e a expressamos, também podemos gerar vida onde não existe. Em nossa língua há poder para gerar vida ou morte (Provérbios 18.21a), por isso não deve sair dela quaisquer palavras torpes, mas somente aquelas que forem proveitosas para edificar e transmitir graça (Efésios 4.29).

O desejo de Deus sempre é promover vida. Ele mesmo entregou a Sua própria vida para nos livrar da morte e, assim, nos proporcionar vida eterna. Sendo assim, a profecia que traz desconstrução e é contrária à vida não provém de Deus.

EXORTAR

Antes de mais nada é necessário entendermos o significado do verbo exortar. Exortar é o mesmo que aconselhar ou instruir de maneira convincente, de modo que a pessoa que é exortada se sinta animada, estimulada, encorajada e amada.

Pense comigo: uma pessoa que foi contratada para pintar uma casa em um determinado prazo, mas, apesar de ter a tinta, não tinha o pincel adequado. O único pincel que possuía era um daqueles que vêm nos vidros de esmalte para unha, bem pequeno. Mesmo assim ela começa a pintura. Se eu contratei essa pessoa e a vejo pintando a casa com esse pincelzinho, posso ter duas reações diferentes:

> I. FICAR MUITO BRAVO, pois sei que ela não está sendo sábia, já que jamais terminará de pintar a casa no prazo determinado, além do que terá como resultado uma pintura feia e sem uniformidade.

Neste caso, daria uma bronca e ficaria irado, afinal estou pagando por um serviço que não está sendo feito conforme o esperado e combinado. Poderia ficar irritado, falar com ela de forma áspera e dura, e, por fim, dar-lhe um sermão para que comprasse um rolo decente e começasse a pintar tudo de novo. Porém, com esta atitude, como você acha que ela se sentiria? Com certeza totalmente desestimulada e com muita vergonha, uma vez que estaria sendo humilhada. Ela poderia também sentir remorso, tristeza, desamparo, desconforto, além de sentir-se destruída e perdida. Enfim, ela não se sentiria bem com a minha atitude. Talvez fosse embora e nunca mais aparecesse ou até poderia comprar um rolo e voltar a pintar da maneira correta, mas sem nenhuma vontade, estímulo ou inspiração. Mas posso ter uma atitude totalmente diferente.

2. COMPRAR O ROLO ADEQUADO. Se contratei essa pessoa e a vejo pintando a casa com o pincelzinho de esmalte, poderia comprar um rolo adequado e dizer a ela: "Olha, este é o rolo adequado para o tipo de pintura que você está fazendo; ele serve para facilitar a sua vida! Ele vai ajudá-lo a ser muito mais eficiente, o que permitirá que trabalhe mais rápido, empregando menos esforço, além de deixar a pintura muito mais uniforme e bonita. Sei que você quer fazer o melhor e deixar a casa linda, não é mesmo? Pegue esse rolo, eu o

comprei para você". Como você acha que a pessoa se sentiria com essa segunda reação? Certamente com ambas as atitudes ela seria instruída, mas se eu agisse de acordo com a segunda opção, ela se sentiria muito mais estimulada a fazer um bom trabalho, além de se abrir e aceitar com muito mais gratidão a instrução que eu tinha para lhe dar. Isso é exortação; é instruir e alertar de forma que a pessoa se sinta amada e incentivada a progredir.

A profecia, diversas vezes, vem para trazer um alerta, dar uma instrução ou alinhar coisas que estão sendo realizadas de maneira errada. Contudo, ao receber este tipo de profecia, a pessoa sentirá gratidão pelo amor e o cuidado de Deus para com sua vida.

ENCORAJAR / CONSOLAR / CONFORTAR

O terceiro propósito da profecia é encorajar, consolar ou confortar. O Espírito Santo, também conhecido como o Consolador, está sempre disposto a nos consolar e também a consolar outros por nosso intermédio. A profecia é um instrumento que Deus usa para fazer isso.

Jesus já havia nos falado que passaríamos por aflições, mas Ele mesmo nos encoraja com as Suas palavras. Vale lembrar também que, ao passarmos por essas tribulações e aflições, precisaremos de consolo, e

Jesus deixa claro em Sua Palavra quem é o Consolador: "E eu rogarei ao Pai, e ele vos dará outro Consolador, a fim de que esteja para sempre convosco" (João 14.16), "Estas coisas vos tenho dito para que tenhais paz em mim. No mundo, passais por aflições; mas tende bom ânimo; eu venci o mundo" (João 16.33).

O Espírito Santo está disponível a todos os nascidos de novo. Ele é o Consolador que estará para sempre dentro de nós, a partir do novo nascimento. Todos os momentos em que somos inspirados por Ele a falar, recebemos palavras de consolo e conforto para pessoas que necessitam.

Certa madrugada, meu filho Matheus, que na época tinha 6 anos, veio chorando até o meu quarto e de minha esposa. Quando perguntei o que havia acontecido, ele respondeu que havia sonhado que nossa filha mais nova, Bianca, havia morrido. Era perto das três horas da madrugada e então eu lhe disse: "Matheus, vá para o quarto e volte a dormir, é apenas um pesadelo". E ele respondeu: "Pai, mas você orou comigo antes de dormir para eu não ter pesadelo, então não é um pesadelo". Naquela hora me levantei e disse: "É verdade! Então isso pode ser um sonho profético", expliquei. "Não significa que a Bianca vai morrer, mas que devemos orar e interceder por ela. Vamos orar?". Ele consentiu e começamos a orar e declarar proteção divina sobre nossa Bianca. Declaramos vida, um muro de fogo e os anjos de Deus acampados ao redor dela e de nossa família. Aos poucos Matheus foi se acalmando, a paz voltou e começamos a agradecer por nossa família e por estar tudo bem. Terminada a oração, disse a ele que, pela manhã, ao acordar, não precisaria contar o sonho para a irmã, mas, ao encontrá-la, deveria orar com ela declarando vida, saúde, proteção de Deus, e assim por diante. Perguntei a ele como acharia que a irmã se sentiria se contasse o sonho, se sentiria medo ou encorajamento, e ele respondeu que ela sentiria medo. Para certificar-me de que ele havia entendido minha orientação, perguntei ainda se ele achava que ao ouvir sobre o sonho, Bianca sentiria conforto e consolo ou desespero, e ele respondeu que ela se sentiria desesperada. Depois disso, ele disse: "É verdade, não é, papai? Melhor não contar o sonho para ela!".

No dia seguinte, quando acordamos, encontramos Bianca e declaramos sobre ela tudo o que conversamos durante a madrugada, o que fez que ela se sentisse extremamente confortada, encorajada e amada.

Algumas vezes Deus pode mostrar e revelar situações como essa, que podem causar medo e espanto, não para que entreguemos palavras de pânico ou morte a alguém, mas para que nos posicionemos em oração, trazendo luz e vida ao invés de trevas e morte, alegria ao invés de tristeza, esperança ao invés de desespero, e assim por diante. Ou seja, devemos entregar palavras que edificarão, exortarão e encorajarão as pessoas e não que trarão medo, peso, condenação e desesperança sobre elas.

NÃO CORROMPER, PERECER E DESVIAR

O texto de Provérbios 29.18a diz que "Não havendo profecia, o povo se corrompe...". Ninguém quer ser corrompido, se desviar ou perecer. Por isso, é importante enfatizar que a profecia tem o propósito de nos preservar, nos manter nos caminhos e propósitos divinos, além de nos trazer direções claras. E isso deve ser ensinado às crianças e bem e compreendido por elas.

Como já mencionamos, um dos grandes desafios de muitos líderes de igrejas é ver os jovens que frequentavam a escola bíblica dominical quando crianças permanecendo nos caminhos de Deus sem se corromper, se desviar ou perecer.

A Bíblia não falha, ela é absoluta. Portanto, quando revela que a falta de profecia leva o povo à corrupção, podemos concluir que o contrário também é verdadeiro. Havendo visão profética o povo é preservado, não se desvia e nem se corrompe.

A profecia também serve para guardar o povo de Deus em Seus caminhos e princípios. Queremos que nossas crianças e as próximas gerações permaneçam firmes nos caminhos de Cristo, sem se desviar nem para a direita nem para a esquerda, e sem se corromper, por mais que o mundo esteja cada vez mais caótico e corrompido. Ao aprenderem a escutar a voz de Deus, suas decisões não serão baseadas no temor dos homens, no que a moda está ditando, na influência de más amizades ou na pressão do mundo, e sim na direção do próprio Deus, que elas experimentaram e continuam experimentando por meio de um relacionamento diário e vivo.

Conforme essas crianças crescerem em idade e maturidade, ouvindo a voz de Deus, já saberão quais são os propósitos, o chamado e os sonhos de Deus para elas; e assim, saberão escolher o curso universitário que as impulsionarão para mais próximo deles e da visão que Deus lhes deu. Também saberão escolher a companheira ou companheiro certos com quem se casar e o lugar onde devem morar; e saberão lidar com suas finanças, com base no que Deus lhes disse e não no que a situação econômica do país está dizendo. Os homens amarão suas esposas, as esposas respeitarão os seus maridos, e juntos construirão uma família, que não perecerá. Tudo isso baseado na palavra que ouviram diretamente de Deus.

Quem não deseja isso para seus filhos e para as próximas gerações? Quando temos crianças proféticas temos uma geração que não se corrompe; uma geração que se tornará modelo e transformará a sociedade de forma radical.

OS CINCO E'S DA PROFECIA

Ainda que de forma resumida, apresentamos a seguir os 5 E's da profecia:

1. ESCUTAR

Escutar a mente e o coração de Deus, pelo desenvolvimento de um relacionamento íntimo com Ele.

2. EXPRESSAR

Expressar a mente e o coração de Deus, de acordo com o Espírito Santo.

3. EDIFICAR

Este é o primeiro propósito da profecia. Ela sempre virá promovendo edificação, construção, restauração e para promover o crescimento das pessoas.

4. EXORTAR

Este é o segundo propósito da profecia. Uma palavra vinda da mente e do coração de Deus irá exortar, instruir e alertar as pessoas, de forma que elas se sintam mais amadas e incentivadas.

5. ENCORAJAR

O terceiro propósito da profecia; ela será enviada pelo Senhor com o objetivo de encorajar, confortar e consolar as pessoas.

CAPÍTULO II

EXPERIÊNCIAS SOBRENATURAIS COM O ESPÍRITO SANTO

LUCAS & JACKELINE HAYASHI

Em Apocalipse 19.10 diz que o testemunho de Cristo é o espírito da profecia. Isso significa que, quando compartilhamos testemunhos sobre o que Jesus fez, não estamos apenas contando uma história, mas lançando sementes de oportunidades na atmosfera espiritual, para que aquilo que aconteceu, possa acontecer novamente e de forma até mais poderosa. Por esse motivo, reservamos um capítulo especialmente para contar as experiências que tivemos com as crianças na Geração 5.2, além dos testemunhos que os pais nos trouxeram a respeito do que Deus está fazendo na vida de seus filhos e nas famílias por meio do mover profético que estamos cultivando e experimentando. Essas são histórias de como essas crianças têm ouvido a voz de Deus das mais diferentes maneiras e como o Espírito Santo interage com elas, direcionando-as para seus destinos divinos.

Nossa oração é para que cada testemunho gere vida em você e que durante essa leitura o Espírito Santo lhe traga grandes ideias e estratégias. O que aconteceu com essas famílias e crianças está acessível a você e sua família também; é totalmente possível acontecer um mover de Deus em sua vida e família, pois o Espírito Santo que age em todos é o mesmo.

Declaramos vida durante a leitura de cada história e que sementes de oportunidades para o sobrenatural de Deus sejam lançadas em sua vida! Pegue um papel, uma caneta e anote tudo o que o Espírito Santo lhe falar durante a leitura dessas páginas.

RÚSSIA

Durante uma atividade profética, colocamos um mapa-múndi diante das crianças e dissemos a elas que deveriam pedir ao Espírito Santo que lhes mostrasse um lugar, país ou região pelo qual se comprometeriam a interceder e no qual estabeleceriam, assim, o Reino de Deus. Depois da oração, elas teriam de colar um adesivo sobre o local escolhido e escrever em uma folha o nome do local para onde iriam um dia. Muitas crianças não sabiam ler, então lhes instruímos a perguntar ao Espírito Santo onde deveriam apontar o dedo no mapa.

Uma menina de 5 anos, que ainda não sabia ler, apontou o dedo para a Rússia. A equipe achou muito diferente, mas escreveu para ela em seu bloco de anotações e oramos por aquele país, declarando que as portas daquele lugar estariam abertas para aquela criança.

    Quando seus pais chegaram para buscar a menina, contamos o que havia acontecido. A mãe, instantaneamente, começou a chorar. Ela nos contou que era descendente de russos e que tinha o sonho de um dia voltar para lá! O mais interessante, entretanto, é que a filha nunca soube disso nem sabia identificar a Rússia no mapa, já que só tinha 5 anos e nunca havia tido aulas de geografia.

    Naquele momento, oramos por toda a família e, por ora, ainda aguardamos o dia em que aquela pequena criança crescerá e levará o Reino de Deus para a Rússia.

DEUS CONHECE O SEU CARRO

    Certo domingo, fizemos uma atividade profética com as crianças em que elas tinham de pedir algo para Deus em forma de desenho. Terminado o período dos desenhos, elas precisavam perguntar ao Espírito Santo a marca e cor de um carro, porque iríamos até o estacionamento da igreja colocar esses desenhos nos carros que Deus tivesse mostrado.

    Ao terminar o desenho, uma das crianças, disse: "Eu recebi o carro! A marca é Kia, modelo Sportage, cor prata e placa DCF 6152". O voluntário ficou surpreso e perguntou: "Sério mesmo?!". "Vamos ver se este carro está no estacionamento. Em seguida, outra criança disse: "O carro que Deus me mostrou é um Chevrolet Vectra, preto e a placa é CBH 3465". Ao que o voluntário disse: "Uau, que demais! Vamos procurar esses carros e colocar os desenhos nos vidros, então?".

Quando chegamos ao estacionamento, ali estava o Sportage prata, exatamente com aquela placa, sem tirar ou pôr nenhuma letra ou número. Então, o menino deixou o desenho preso no limpador do para-brisa do carro.

A segunda criança que tinha tido a revelação a respeito do carro preto, não tinha achado o veículo no estacionamento. O voluntário disse a ela: "Não se preocupe! Talvez o dono do Vectra preto não tenha vindo para o culto hoje".

De repente, quando olhamos para a rua, um carro preto estava subindo! Era um Chevrolet Vectra, preto, com a mesma placa que o menino havia mencionado! Mas, ao invés de entrar na igreja, o carro dirigiu-se à garagem do prédio vizinho, que fica em frente a nossa igreja. Saímos correndo e deixamos o desenho profético com o porteiro do prédio que prometeu entregar para o morador do Vectra preto.

Após deixarmos as artes proféticas nos carros, oramos para que Deus pudesse falar por intermédio de cada desenho, gerando edificação, encorajamento e consolo para todos que o receberam.

Ficamos muito alegres com as revelações de detalhes e palavras de conhecimento que essas crianças receberam de Deus.

DEUS CONHECE O SEU CARRO E SEU SONHO

No domingo seguinte, uma senhora da igreja nos procurou no ministério infantil e disse que precisava contar algo muito importante para nós. Com lágrimas nos olhos, ela disse: "Eu sempre tive o sonho de viajar de avião, mas nunca tinha acontecido. No domingo passado, quando estava saindo do culto, vi um desenho no vidro do meu carro. Quando peguei, era a ilustração de um avião, que tinha o complemento de algumas frases que diziam que Deus me amava muito, que eu ganharia um presente muito especial e iria para lugares que ainda não conhecia! Esta semana, foi meu aniversário de 60 anos e meus familiares me deram uma viagem de avião de presente! Eu nunca viajei de avião e esse era um dos meus sonhos! Na hora, lembrei do desenho e fiquei muito impactada!". Perguntamos que carro era o dela, e ela nos disse: "Um Sportage prateado".

Demos glórias a Deus por Seu amor tão grande, surpreendente e customizado. Ele nos conhece. Conhece nosso carro, nossos sonhos e não apenas conhece, mas nos mima com surpresas tão agradáveis como esta!

MÉDICOS SEM FRONTEIRAS

Há algum tempo, ministramos às crianças sobre os sonhos de Deus para nossa vida e a importância de sempre perguntarmos o que Ele deseja fazer em nós e por nosso intermédio. Então, depois da explicação, tivemos um momento em que as crianças tiraram um tempo a sós com Deus.

No domingo seguinte, um pai nos procurou dizendo que precisava nos contar uma história. Ele disse que desde o último domingo sua filha não era mais a mesma. Estava estudiosa e não dava mais nenhum trabalho para ir à escola. Comentou até que nem precisava mais pedir para a filha estudar, pois

Ele nos contou que perguntou a ela o que estava acontecendo e teve uma surpresa. Sua filha de 9 anos lhe revelou que, no domingo anterior, enquanto orava, ouviu de maneira clara a voz de Deus lhe dizendo que um dia ela seria médica e se tornaria uma líder no Médicos sem Fronteiras. Por causa disso, ela havia decidido que se esforçaria muito para estudar e ir bem na escola, porque sabia que seria uma grande médica e ajudaria muitas pessoas.

Quando Deus fala temos a convicção do nosso chamado e seremos intencionais em nossos esforços com objetivo de alcançá-lo.

CORRENTES E CADEADOS

No último domingo de cada mês e nas conferências de nossa igreja local, as crianças da EPM (Escola Profética de Ministradores) são treinadas para ministrar ao corpo de Cristo. Em uma dessas ministrações, depois ter sido abordada por uma de nossas crianças, uma mulher começou a chorar compulsivamente. Quando conseguiu parar, nos explicou o que havia acontecido. Ela nos contou que estava incrédula antes de entrar na sala profética. Ela duvidava que Deus pudesse falar por intermédio de crianças, então, pensou: "Se essas crianças falarem sobre correntes ou cadeados vou entender que elas ouvem mesmo a Deus". E que surpresa ela teve! Ao sentar na frente das crianças, uma delas lhe disse: "Tia, quando você entrou na sala, eu senti que você sentaria aqui, fiquei olhando para você e a vi toda enrolada com correntes, e elas estavam presas com muitos cadeados, mas quando você sentou, todos os cadeados abriram e as correntes caíram".

Em seguida, aquela mulher voltou a chorar muito, porque havia sido constrangida pelo Espírito Santo e recebido uma prova mais que real de que SIM, as crianças podem e ouvem a Deus.

MAIOR NOTA

Certa vez fizemos uma atividade com as crianças em que algumas delas tinham de ficar de frente para uma parede, enquanto outra ficaria atrás de cada uma delas. A criança que estivesse de frente para a parede oraria pela criança que estava atrás, sem saber quem era, pedindo que o Espírito Santo lhe falasse o que deveria dizer a ela.

Em determinado momento, um de nossos voluntários ficou atrás de uma das crianças. A criança que orava não sabia que havia um adulto atrás dela. Ela começou a orar sozinha e disse em seguida: "Eu vi que você está com muito medo e preocupado por causa de uma prova que vai fazer essa semana e fica se perguntando se vai conseguir ir bem mesmo; você estudou bastante, não precisa ter medo! Na hora da prova é só pedir ajuda ao Espírito Santo e Ele vai ajudar você!".

Quando a criança se virou para ver por quem estava orando, viu que era um adulto. Para a surpresa de todos, aquele voluntário era universitário e teria prova de uma matéria muito difícil no dia seguinte, o que realmente estava lhe angustiando muito. Naquela mesma semana, o voluntário nos procurou e contou que, no momento da prova só conseguia lembrar da oração daquela criança, e isso o manteve calmo. Para a sua surpresa, ele foi, dentre os alunos daquela turma, o que tirou a maior nota.

CORAÇÃO RECONSTRUÍDO

Há um tempo, uma voluntária nos procurou no final do culto para contar que pouco antes de ministrar a aula para as crianças de 7 a 9 anos foi interrompida por três delas que disseram: "Tia, a gente sentiu de orar por você antes do início da aula".

Assim, todas as outras crianças se juntaram às três meninas e começaram a orar. Permaneceram ali por 30 minutos! Elas lhe disseram muitas coisas, porém a mais marcante e recorrente foi a respeito da reconstrução de seu coração. "Deus está lhe dando um coração sem machucado! Ele vai curar toda a dor, porque a ama muito", disseram.

O que ninguém sabia era que naquele domingo pela manhã ela havia terminado um namoro de muitos anos e estava com o coração completamente partido. Ela recebeu a oração, foi renovada pelo Senhor e conseguiu sentir o Seu amor por intermédio das palavras daquelas crianças.

JESUS NO TELEFONE

Há alguns anos, durante o mês de abril, ministramos para todas as crianças da Geração, incluindo os pequenininhos, a respeito da vida de Jesus e Seu sacrifício na cruz. Em um daqueles domingos, após a ministração, as crianças de 2 e 3 anos estavam brincando juntas quando, de repente, uma das crianças acabou ficando sozinha e se divertindo com um telefone de brinquedo. Ela falava e depois ficava em silêncio, como se estivesse ouvindo alguém no telefone de brinquedo. Então, uma voluntária se aproximou e perguntou: "Com quem você está conversando?", ao que a criança respondeu com voz doce e delicada: "Com Jesus". A voluntária, pensando tratar-se de uma brincadeira, perguntou sobre o que

Ele estava dizendo, e ela respondeu: "Ele agradeceu porque a gente pintou o desenho d'Ele; e Ele achou muito lindo!", respondeu a criança com uma risadinha, voltando, em seguida, a brincar.

Cremos que Jesus realmente falou com aquela criança e precisamos proporcionar mais e mais momentos como esse.

JESUS NA HORA DO LANCHE

Ao chegar na escola certa vez, uma criança de 5 anos contou para sua mãe que na hora do lanchinho alguém tinha tocado em seu ombro. Aquela criança contou que havia pensado que tivesse sido um de seus amiguinhos, mas para sua surpresa ela disse que tinha sido Jesus. Rapidamente, sua mãe lhe perguntou o que Jesus queria com ela. Então a menina disse: "Mamãe, Jesus veio no meu ouvido e disse que você tem um caderninho onde anota minhas coisas. Ele disse que eu deveria pedir a você para anotar nesse caderno que, aos 18 anos Ele vai me levar para a África. Você anota, por favor?!". A mãe, em choque e segurando as lágrimas para não desabar em choro, respondeu: "Sim! Pode deixar que eu anoto!".

Em seguida, sem entender exatamente o que Jesus lhe havia dito, a criança perguntou: "Mamãe, onde é a África?". A mãe apontou no mapa onde ficava o continente e quem eram as pessoas que moravam lá.

Depois daquele dia, ela constantemente dizia a todo mundo que quando crescesse Jesus a levaria para a África.

PRIMEIRO NOME

Em determinada ocasião, as crianças estavam orando pelos adultos, quando uma senhora da intercessão nos procurou e contou que uma criança tinha ido orar por ela e disse: "Tia, você tem dois nomes; não sobrenome, mas dois nomes, certo?". Tomada de espanto, já que ninguém da igreja sabia que ela tinha um segundo nome, a mulher respondeu: "Sim! Tenho! Por quê?". A criança continuou: "Você não gosta do seu primeiro nome, né?". A mulher, então, cada vez mais assustada com as palavras de conhecimento da criança, disse: "Sim! Verdade! Eu me apresento a todos, usando meu segundo nome". "Tia", disse a criança "sabia que Deus a chama pelo seu primeiro nome? Você não pode ter vergonha do seu primeiro nome, porque é por ele Deus a chama".

Naquele momento, a senhora começou a chorar. "Você sabe o que significa o seu primeiro nome?", prosseguiu a criança, como se aquilo fosse algo muito simples. "Não! Não sei o significado do meu primeiro nome!", ela respondeu, impactada com tudo o que estava acontecendo. "Então precisa descobrir, porque é por ele que Deus a chama. Não tenha mais vergonha!", concluiu a criança, fazendo uma oração de agradecimento pelo primeiro nome daquela senhora e pedindo que ela não tivesse mais vergonha dele.

Ao sair dali, a intercessora foi procurar saber o significado de seu nome. Para sua surpresa, ele era a junção dos nomes Maria Madalena, que significa "mulher que vive na torre de Deus", apontando e confirmando completamente o seu chamado para a intercessão.

KIT BONDADE

Certo domingo, trabalhamos na Geração o tema "Bondade de Deus". Quando as crianças chegaram em suas salas, cada uma tinha uma mesa enorme com biscoitos, sucos, frutas e doces. Evidentemente, todas ficaram extremamente felizes e animadas, mas, como a ministração era a respeito da bondade de Deus e como nós somos chamados a demonstrar a bondade divina por intermédio de nossos atos, naquele domingo, todas as crianças tiveram de montar um "*kit* bondade" para entregar às pessoas que eles encontrassem na rua. Para isso, orientamos cada uma delas a ouvir de Deus para quem deveriam entregar cada *kit*.

No domingo seguinte, um pai nos procurou e disse que tinha uma história incrível para contar. "Ao sairmos da igreja", disse ele, "nosso filho estava segurando um saquinho com alguns itens comestíveis e nos disse que precisava encontrar alguém a quem entregá-lo. Saímos da igreja à procura do destinatário a quem nosso filho deveria entregar seu '*kit* bondade'. Contudo, mesmo depois de algum tempo, passando por vários semáforos, com muitos mendigos ao redor de onde estávamos, ele continuava dizendo que nenhuma daquelas pessoas era a certa. A verdade é que já estávamos começando a ficar cansados, então decidi ir para casa e lhe disse que no dia seguinte procuraríamos a pessoa a caminho da escola. Para nossa surpresa, quando viramos a esquina de casa, ele exclamou animado que o seu *kit* era para um mendigo que estava sentado exatamente ali. Conforme nos aproximamos do homem, meu filho perguntou o que poderia falar, mas eu lhe disse que, assim como ele ouviu de Deus que aquela era a pessoa certa para entregar o *kit*, ouviria d'Ele o que deveria falar. Então, chegando perto do homem, ele, mesmo um pouco tímido, disse: 'Moço, Deus pediu para eu entregar isso para você!'. 'Obrigado, garoto! Você é crente?', perguntou o mendigo, enquanto começava a chorar. 'Sim!', respondi por meu filho. 'Você está bem?' 'Sim! Estou bem!', respondeu ele, ainda limpando as lágrimas que continuavam a cair de seus olhos".

"Você pode nos contar o porquê está chorando?", perguntei. "Sim! Eu também era crente. Tenho família, filhos, mas comecei a entrar no mundo das drogas e vim parar aqui. Acontece que, na semana passada o meu pastor veio atrás de mim, dizendo que tinha conseguido uma clínica de recuperação, mas eu lhe disse que só iria para lá se Deus falasse comigo de alguma maneira. Hoje termina o prazo de sete dias que ele tinha me dado para dar a resposta, e eu vou dizer sim ao meu pastor!"

"Podemos orar com você?", perguntei para aquele homem. "Como ele consentiu, oramos ali mesmo. Tanto eu, quanto meu filho e aquele homem recebemos um toque de Deus naquela tarde."

Depois de contar a história, aquele pai nos agradeceu por ter feito aquela atividade, pois seu filho tinha tido uma grande experiência de ser usado por Deus de uma maneira tão poderosa. Ficamos todos muito felizes com o testemunho daquela família! Louvado seja Deus!

VERSÍCULO ESPECIAL

Durante uma época, trabalhamos o mesmo versículo com as crianças de 2 a 5 anos. Nos primeiros meses de 2018 o versículo chave foi Zacarias 4.6: "Não por força, nem por violência, mas pelo meu espírito, diz o SENHOR dos Exércitos" (ARC), e temos um testemunho lindo que recebemos por mensagem de uma das mães.

Bom dia! Gostaria de compartilhar um testemunho.

Não tenho ido à igreja frequentemente, pois ganhei minha filhinha em janeiro e estamos dando um tempo até ela tomar as primeiras vacinas para que, então, possamos ir aos cultos. Mas, além dela, eu e meu marido temos outros dois filhos, um menino de 11 anos e uma menina de 3 anos. Durante esse período, eles têm ido para a Geração 5.2 acompanhados pela avó, tios ou tias. Algo importante de ser dito é que compramos para eles, pouco tempo antes, o kit *com a Bíblia e a mochila da Geração 5.2.*

Certa segunda-feira, no meio da correria do dia a dia, vi minha filha de 3 anos com a Bíblia aberta na mão, andando pela casa inteira e falando, falando, falando, mas com a outra mãozinha no coração. Fiquei ali alguns minutos observando e quando me aproximei para ouvir o que ela dizia, ela estava repetindo várias vezes o versículo de Zacarias 4.6. Perguntei onde ela havia aprendido aquele versículo e ela disse que a tia da salinha da igreja havia lhe ensinado.

Foi incrível! Na hora, o Espírito Santo trouxe ao meu coração que ela estava declarando aquela verdade; então resolvi juntar-me a ela para declarar o versículo. O meu marido não é cristão, mas, naquele momento, senti o direcionamento do Espírito Santo para continuar com aquelas declarações durante toda a semana. Minha filha e eu fizemos isso juntas durante sete dias.

No domingo seguinte, fomos presenteados por Deus com uma alegria muito grande: meu marido não só levou as crianças para a igreja, mas as acompanhou, assistiu ao culto e participou da primeira aula da EPM. Todo esse processo foi conduzido de uma forma que só Deus podia fazer. Meus filhos e eu ficamos tão felizes com essa resposta às nossas orações e declarações por ele.

Até o momento em que escrevo esta mensagem, ele já foi para a igreja três domingos seguidos e temos vivido momentos incríveis, porque algo foi plantado e gerado no coração dele. Este acontecimento nos encheu ainda mais de esperança, gratidão e fé! Com certeza, Deus é fiel para terminar a obra que começou.

Que Deus abençoe este time que se doa, para nos ensinar a sermos cada dia mais intencionais!

SENHOR LUIZ E DONA EONICE

Há uns 150 metros da nossa igreja local tem uma padaria onde a dona Eonice e seu Luís, de 76 anos, foram tomar café antes do culto de domingo uns anos atrás. Como dona Eonice tinha uma reunião do ministério de intercessão, pouco antes do início do culto, foi para a igreja, enquanto o senhor Luiz continuou na padaria até perto do horário do culto. Naqueles últimos tempos, contudo, devido à idade avançada, ele estava apresentando alguns lapsos de memória.

Saindo da reunião, dona Eunice entrou no salão de culto, mas não encontrou o marido. Rapidamente, começou a andar pela igreja, a procura dele. Como não conseguia encontrá-lo, pediu ajuda à equipe de recepção. Mesmo assim, ninguém o encontrava.

Os voluntários da recepção procuraram em todas as áreas da igreja, inclusive no ministério infantil e aos arredores do bairro. Mas não conseguiram encontrá-lo.

Quando entraram no ministério infantil para perguntar a respeito dele, respondemos que ele não havia passado por nossas salas. Era real: ele havia sumido. Paramos tudo que estávamos fazendo no ministério infantil e começamos a orar por ele. No meio da oração um menino de 8 anos de idade teve uma visão e disse: "Eu tive uma visão e vi o senhor Luiz na *Kopenhagen*".

A *Kopenhagen* é uma loja de chocolate que tem uma filial a uns cem metros abaixo da padaria que ficava perto da igreja. Naquele momento, três pessoas estavam de carro ao redor da igreja, procurando o senhor Luiz. Ligamos para um desses motoristas e contamos sobre a visão. Imediatamente, o motorista foi até a loja e perguntou se um senhor de idade havia passado por ali. A atendente consentiu e disse que um senhor havia perguntado onde ficava a igreja dos japoneses, mas como ela não sabia, ele foi embora.

Continuamos a orar e, de repente, outra criança também teve uma visão com o senhor Luiz. Agora, porém, no *shopping* que ficava a aproximadamente quatro quilômetros da igreja. Ligamos para o outro motorista, que, ao ouvir sobre a visão, disse achar improvável ele ter ido até o *shopping*, já que tinha certa idade e o trajeto era muito longo para ser feito a pé. Mesmo assim, foi até lá e perguntou a um guarda se um senhor havia passado ali, apresentando sinais de que estava perdido. O guarda respondeu que um senhor havia sim passado ali e perguntado onde ficava a igreja dos japoneses. Como ele também não sabia, o homem foi embora.

O sumiço era algo preocupante, mas Dona Eonice estava preocupada também com o nível de glicose do senhor Luiz, pois ele era diabético. Se o nível baixasse, ele poderia ter um mal súbito.

Continuamos orando e declarando proteção de Deus e pedindo que os anjos do Senhor se acampassem ao redor do senhor Luiz. Enquanto isso, um menino de 10 anos falou: "Não precisamos mais orar, pois o senhor Luiz já está na casa dele. Na visão que tive ele estava andando na rua e seguindo umas flechas que apareciam no chão, e elas o direcionavam até a sua casa.

Perguntamos para dona Eonice onde ela morava, e ela nos disse que sua casa distava uns dez quilômetros da igreja. Imediatamente, levaram-na para casa e para a surpresa de todos o senhor Luiz estava em casa, são e salvo. Ele não se lembrava de como havia chegado à sua casa, mas nós sabemos que foi o Senhor agindo em resposta à oração de seu povo.

UMA GRANDE FESTA DE NATAL

Em dezembro de 2017, a Geração 5.2 fez uma ação social de Natal em parceria com uma ONG que atua em comunidades carentes. Nós levamos presentes para todas as crianças e organizamos uma festa para elas e suas famílias. Para isso, solicitamos ao líder da comunidade um levantamento de quantas crianças participariam daquela confraternização. Ele realizou uma pré-inscrição de crianças para ter controle de quantas estariam presentes, o que nos possibilitou saber a quantidade de comida e presentes que teríamos de levar.

Até o dia do evento tínhamos 600 crianças inscritas para a comemoração. Contudo, no dia da festa, apareceram por volta de 1200 crianças e mais 300 adultos. Só haviam 600 brinquedos e comida para 600 pessoas. A verdade é que o número crescente de pessoas assustou e preocupou nossa equipe. O que aconteceria, já que não tínhamos comida para tanta gente? E como ficariam as crianças que não recebessem presente?

Os voluntários da cozinha nos disseram que tinham 500 pães para fazer cachorro-quente para 1200 crianças. Resumindo, todas as 1500 pessoas comeram cachorro-quente e ainda sobrou comida, que levamos e distribuímos para moradores de rua. Além disso, todas as 1200 crianças saíram com brinquedo em suas mãos. Como isso é possível? Somente com o poder sobrenatural de Deus. Assim como Ele multiplicou pães e peixes, Ele multiplicou cachorros-quentes e brinquedos. Foi literalmente, uma grande festa de Natal!

PÓ DE OURO

Em nossa Geração, uma menina de 7 anos de

idade sempre relutava em ficar conosco no ministério infantil. Todas as vezes que sua mãe ou seu pai a levava, ela chorava, afirmando que queria ficar com os pais. Com muito esforço, negociação e paciência, ela ficava, porém, na maioria das vezes, tínhamos de chamar seus pais logo em seguida, porque ela começava a chorar. Fazíamos todo possível na tentativa de nos conectar com ela e fazer que ela se sentisse à vontade e bem no ministério, porém nada a fazia mudar de ideia.

Essa história mudou quando, em um dos cultos no ministério infantil em que ela havia ficado, o Espírito Santo veio de uma forma poderosa e um dos sinais da manifestação de Sua presença foi a aparição de pó de ouro na mão de muitas crianças. A partir daquele dia a menina sempre queria ir para o ministério de forma espontânea, pois havia sido impactada pelo sobrenatural. Uma experiência sobrenatural com o poder e a manifestação do Espírito Santo podem marcar a vida de uma criança para sempre.

ABRAÇO DO PAI

Certo dia estávamos fazendo uma atividade em que haviam muitas "estações de encontros com Deus". Dentre essas estações, havia uma que chamamos de "Abraço do Pai". Ali, havia muitas almofadas bem fofinhas. As crianças foram divididas em grupos pequenos, em que cada pequeno grupo ficaria em uma estação.

Quando crianças de 7 e 8 anos chegaram à estação "Abraço do Pai", pedimos que se acomodassem nas almofadas, porque íamos orar por elas, para que sentissem, de verdade, um abraço de Deus. A presença de Deus era perceptível naquele lugar e sabíamos que coisas incríveis aconteceriam.

Depois de um tempo, um menino de 7 anos que estava nos visitando começou a chorar muito. Ele abraçava a almofada e chorava muito. Um voluntário foi perguntar o que estava acontecendo, e ele disse: "Tio, faz 2 anos que meu pai morreu enforcado. Desde que ele morreu, eu nunca mais tinha sentido um abraço forte, e Deus disse para mim que iria me dar um abraço bem forte, porque Ele era meu Pai e eu estou sentindo o seus braços e mãos. Por favor, posso ficar aqui?". O voluntário autorizou que ele ficasse o tempo que quisesse, e o menino permaneceu ali por bastante tempo. Depois, ele procurou o voluntário e disse que Deus tinha dito que ele nunca mais se sentiria sozinho porque Deus era seu pai.

Que cura aquela criança recebeu! Oramos para que essa verdade permaneça em seu coração para sempre e que esse encontro com o abraço de Deus fique sempre em sua memória!

DISTRAINDO-SE COM OS ANJOS

No momento de louvor e adoração, em uma de nossas conferências proféticas para crianças, um garotinho de 5 anos estava disperso e distraído, olhando para cima e apontando o dedo como se estivesse contando. A sua irmã, que tinha 10 anos, achou estranho e quis chamar a sua atenção para que se concentrasse e adorasse a Deus. Ela perguntou: "O que você está fazendo? Agora é momento de adorar a Deus". "Estou contando quantos anjos tem aqui neste salão", respondeu ele apontando e contando cada anjo. Ela ficou impressionada, mas ao mesmo tempo feliz porque ele estava tendo um encontro sobrenatural com os anjos de Deus.

Não subestime a capacidade de uma criança ver e viver o sobrenatural de Deus. Dos tais é o Reino dos céus.

APÓS TRINTA DIAS

Durante um culto na Geração, uma criança de 9 anos disse que tinha tido uma visão em que ela orava por várias crianças que estavam doentes. Passamos por todas as salas perguntando quem eram as crianças que estavam doentes ou que estavam com algum tipo de dor para que pudéssemos orar por elas. Nos juntamos com a criança que havia recebido a visão e oramos.

Dor de criança é dor de dente, dor de cotovelo ralado, dor de barriga e outros vários tipos de dores. Após a oração, todas elas tinham sido curadas instantaneamente! Celebramos ao nosso Deus e O glorificamos por sua ação entre nós naquele dia!

Algumas semanas mais tarde, a mesma criança que tinha tido a visão com as crianças disse ao voluntário: "Tio, eu acabei de ter uma visão e nela eu colocava a mão dentro de um túnel escuro e quando puxava, eu tirava pessoas com câncer desse túnel, mas quando elas saiam estavam curadas". No mesmo momento, lembrei de duas pessoas que estavam com um diagnóstico de câncer em nossa igreja. Na semana seguinte, chamamos essas pessoas para receber oração das crianças. Durante a oração, uma das crianças disse: "Eu sinto de Deus que daqui a trinta dias você não terá mais tireoide". "Não é tireoide o nome da doença, ela tem câncer na tireoide, que é uma parte do corpo", tentou corrigir uma das crianças. "Mas eu senti de Deus que era tireoide mesmo", respondeu o menino.

A moça que tinha câncer na tireoide interrompeu a discussão e disse: "Pessoal, isso faz sentido, porque daqui a exatamente trinta dias eu vou receber o resultado de um exame que vai verificar se existe alguma célula cancerígena da minha tireoide espalhada pelo meu corpo.

Então, todas as crianças oraram e declararam cura na vida daquela moça e, trinta dias mais tarde, ela recebeu o exame e o diagnóstico médico de que ela estava

100% curada e não havia nenhuma célula cancerígena da tireoide espalhada por seu corpo. Além disso, a outra pessoa, que tinha câncer de mama e já estava com metástase, também foi curada depois de um tempo.

Glórias a Deus!

FESTA DE ANIVERSÁRIO

Certo sábado à tarde, estávamos festejando o aniversário de uma criança da igreja quando, de repente, uma movimentação e correria para fora do local teve início. Logo me chamaram dizendo que Brenda, uma menina de 11 anos que frequenta nossa igreja, havia sido atropelada enquanto atravessava a rua para entrar na festa.

Quando cheguei e a vi estendida no meio da rua, sangrando pelo nariz, boca e ouvido, percebi o quão grave tinha sido o acidente. Ela estava inconsciente. Imediatamente, chamaram a ambulância, e as crianças já começaram a orar e declarar vida e saúde sobre ela.

Minutos antes, um carro que estava a 60 km/h atropelou Brenda, batendo diretamente em seu quadril e lançando-a uns dez metros para frente. Com a queda, ela bateu a cabeça no chão. A pancada na pequena Brenda foi tão forte que amassou o capô do carro, quebrou o farol e para-choque.

Enquanto esperávamos a ambulância chegar, todas as crianças que estavam na festa começaram a orar e interceder por ela. Com a chegada da ambulância, os médicos disseram que provavelmente o seu quadro não era tão simples assim e, por isso, não quiseram dizer mais nada. Ela foi diretamente para hospital e ficou internada para realizar vários exames.

Entretanto, no dia seguinte, que era domingo, adivinhe quem apareceu na igreja? Brenda! Ela tinha acabado de receber alta do hospital. Fez todos os tipos de exames e não tinha nem um osso fraturado ou qualquer outro tipo de alteração em seu corpo. Ela estava andando normalmente, sem nenhuma dor ou qualquer desconforto. Como isso pode acontecer? Apenas pelo poder sobrenatural do Espírito Santo.

As crianças ficaram impressionadas com o estado de Brenda na rua, mas ficaram ainda mais impactadas com a sua aparição na igreja, sem nenhum osso quebrado! Glórias a Deus!

Essas são algumas experiências e encontros pessoais que nossas crianças tiveram com Deus Pai, Deus Filho e Deus Espírito Santo. A oportunidades de vivenciar esses moveres divinos estão disponíveis a todos. Todo nascido de novo pode vivenciar o poder sobrenatural do Espírito de Deus, por intermédio do mover profético que flui da vida daqueles que se dispõem a isso. Ainda assim, não podemos nos esquecer de mencionar que a maior experiência que elas — e também nós — tiveram foi entregar a vida a Deus, reconhecendo Jesus Cristo como seu Senhor e Salvador, tendo o novo nascimento no Espírito e acesso a um relacionamento verdadeiro com nosso Deus. Nunca devemos esquecer do primeiro amor!

> Ainda que eu fale as línguas dos homens e dos anjos, se não tiver amor, serei como o bronze que soa ou como o címbalo que retine. Ainda que eu tenha o dom de profetizar e conheça todos os mistérios e toda a ciência; ainda que eu tenha tamanha fé, a ponto de transportar montes, se não tiver amor, nada serei. (1Coríntios 13.1)

Não podemos nos acostumar com o amor de Deus. Precisamos constantemente trazer à memória o sacrifício de Jesus na cruz, o amor de Deus Pai, ao entregar Seu único Filho para morrer em nosso lugar, e a presença do Espírito Santo que nos possibilita ter uma nova vida no Espírito. Não podemos apenas lembrar, mas temos de cultivar esse amor, que é infinito, imutável, constrangedor e sempre tem novas formas de se apresentar a nós. Não adianta viver o sobrenatural ou grandes coisas na caminhada cristã se não tivermos o amor de Deus em nossa vida e na vida de nossas crianças.

> O amor jamais acaba; mas, havendo profecias, desaparecerão; havendo línguas, cessarão; havendo ciência, passará; porque, em

parte, conhecemos e, em parte, profetizamos. Quando, porém, vier o que é perfeito, então, o que é em parte será aniquilado. Tudo acabará; as profecias, os dons e a ciência, mas o amor de Deus permanecerá para sempre: "Agora, pois, permanecem a fé, a esperança e o amor, estes três; porém o maior destes é o amor."
(1Coríntios 13.8-10; 13)

Que possamos permanecer, transbordar e experimentar Seu maravilhoso amor todos os dias de nossa vida, assim como nossas crianças e as futuras gerações! Deus o abençoe!

CAPÍTULO 12

INICIANDO E IMPLEMENTANDO O MOVER PROFÉTICO E SOBRENATURAL NA IGREJA

LUCAS HAYASHI

Sempre que pretendemos iniciar algo é importante estabelecermos uma visão. A visão é responsável por esclarecer e justificar aquilo que queremos fazer e estamos fazendo, e onde queremos chegar ao fazer alguma coisa. Desse modo, se torna imprescindível explicar o que significa o mover profético e sobrenatural, para que serve e qual a importância dele para nossa vida e para nossas crianças. Quando entendemos os porquês, se torna mais fácil estabelecer os quês.

Antes de mais nada, é essencial lembrar que a visão do mover profético e sobrenatural precisa estar alinhada com a visão da igreja local, porque se, por exemplo, a visão do ministério infantil e do mover profético e sobrenatural for diferente da visão da igreja local, teremos duas visões, o que significa divisão, e não é isso que desejamos, pelo contrário, queremos a unidade do Corpo de Cristo.

Se você é pastor sênior de uma igreja local é muito mais fácil passar essa visão do mover profético e sobrenatural para os outros ministérios e, assim, alinhar a visão e missão de toda a igreja com a cultura do profético e sobrenatural. Mas se você é líder do ministério infantil de sua comunidade, é importante estar submisso, ou seja, estar sob a missão e visão do pastor sênior de sua igreja local. Caso seja um voluntário no ministério infantil, é necessário verificar o alinhamento dessa visão do profético e sobrenatural com a do seu líder direto do ministério, e ele, por sua vez, com a da igreja local, ou seja com o pastor sênior.

Em tudo devemos estar debaixo da ordem e submissão de nossas autoridades, pois elas foram estabelecidas por Deus. Quando estamos em submissão, recebemos da unção que escorre da cabeça, o que nos possibilita estar debaixo da mesma graça e bênção de Deus. Deus é um Deus de ordem e não de confusão e dissensão.

VOLUNTÁRIOS NO MINISTÉRIO INFANTIL

Existe um princípio que afirma: "Só podemos passar aquilo que temos e carregamos". Isso serve tanto para as coisas naturais, quanto para as espirituais; para coisas boas e coisas ruins.

Se queremos que nossas crianças carreguem o mover profético e sobrenatural, é necessário que os voluntários que lidam diretamente com elas e ministram a elas também carreguem esse mover. Se não estiverem transbordando disso, dificilmente passarão esse mover para as crianças. Sendo assim, devemos começar pelo básico, pela linha de partida: Como estão os voluntários em relação ao novo nascimento? Todos eles passaram pela experiência de salvação em Jesus? Como estão em relação ao batismo no Espírito Santo? Já foram batizados? E a vida com Deus? Estão cultivando uma vida devocional e as disciplinas espirituais, com leitura diária da Bíblia, vida de oração e adoração, e estilo de vida marcado pelo jejum? Como está o desenvolvimento do caráter de Cristo na vida deles? Apresentam o fruto do Espírito? Como está o andar no Espírito? E sua vida de santidade e conduta cristã? Estão envolvidos com vícios, fornicação, pornografia e imoralidades sexuais? Essas são algumas perguntas básicas que precisamos fazer e checar assiduamente, pois a resposta a cada uma delas, seja positiva ou negativa, refletirá na vida das crianças. É importante enfatizar que, como líderes, devemos analisar e verificar tudo isso com muito amor, lembrando da grande responsabilidade que temos com nossas crianças, mas também com os voluntários.

Claramente, para que essas perguntas sejam feitas, é necessário um relacionamento cada vez mais profundo e intencional com cada um dos voluntários.

Não somente para implementar uma cultura de mover profético e sobrenatural, mas simplesmente pelo fato de eles estarem lidando com crianças por intermédio do ministério infantil. As crianças são preciosas, são heranças de Deus, e uma herança não deve ser tratada de qualquer jeito, pelo contrário, deve ser protegida e receber investimento.

A partir daí, podemos começar a verificar o fluir do Espírito Santo na vida dos voluntários, analisando e questionando: Como está a busca por mais de Deus? Como está a fome pelo Espírito Santo e pela presença manifesta de Deus? Como está o desenvolvimento do relacionamento dos voluntários com Deus Pai, Deus Filho e Deus Espírito Santo? Entretanto, acima de tudo, não podemos esquecer do amor de Deus e do nosso primeiro amor.

Aqui, partimos do ponto que os voluntários estão cientes do chamado que têm em Cristo (recomendamos o livro *Criança com C* para melhor compreensão do chamado). Para implementar a cultura do mover profético e sobrenatural, não é necessário atentar para a quantidade de voluntários, e sim para a qualidade deles. É responsabilidade do líder saber recrutar, passar a visão e desenvolver a cultura do profético e sobrenatural para que o voluntário seja aperfeiçoado e esteja preparado para transmiti-lo às crianças.

LIDERANÇA

Partindo do pressuposto que a liderança de sua igreja local está de acordo com a visão do profético e sobrenatural, ou que você é o líder sênior da sua igreja e Deus o está direcionando para isso, é necessário entender o seu papel como líder.

Liderar nada mais é do que influenciar. Quando essa influência vem por meio do mover profético e sobrenatural, começando pela liderança e avançando para os liderados, ela flui de forma muito mais rápida e eficiente. É evidente que tudo depende de como exercemos influência. O modo como Jesus influenciou e liderou foi por meio do exemplo e do serviço.

Quando estamos dispostos a servir primeiramente a Deus, com dedicação e amor, consequentemente teremos a mesma atitude de Cristo que, "tendo plenamente a natureza de Deus, não reivindicou o ser igual a Deus, mas, pelo contrário, esvaziou-se a si mesmo, assumindo plenamente a forma de servo e tornando-se semelhante aos seres humanos" (Filipenses 2.6-7; *KJ*). Jesus não usou de imposição ao expor Sua vontade e as verdades da Palavra, mas o fez por meio do serviço e do exemplo, pisando no mesmo chão que Seus discípulos. Ele ensinou Seu conhecimento e sabedoria, inspirou por Seu exemplo, obras e caráter, e instigou seus discípulos, deixando para eles a grande comissão e lhes delegando responsabilidade e autoridade.

Devemos ser exemplo para os nossos liderados em todos os aspectos. Se queremos que nossos voluntários tenham uma vida que transmita o mover profético e sobrenatural, devemos também nos confrontar com as mesmas perguntas que fazemos a eles. Lembrando que só podemos transmitir aquilo que temos e carregamos.

CRIANDO A CULTURA DO MOVER PROFÉTICO E SOBRENATURAL

Cultura é o conjunto de princípios, verdades e valores que, associados à experiência e aos hábitos, resultarão em comportamento. Então, qual é o comportamento que queremos ver em nossas crianças? Aquele que dê total liberdade ao mover do Espírito Santo, que permita que elas ouçam e obedeçam à voz de Deus e estabeleçam o Seu Reino aqui na Terra por meio do poder sobrenatural. Se é isso que queremos, quais princípios e verdades bíblicas sustentam esse comportamento em nós e em nossas crianças?

Muitas bases bíblicas foram mencionadas e descritas neste livro em relação ao Espírito Santo e ao mover profético e sobrenatural, porém é necessário ler a Palavra de Deus com esse entendimento e foco, analisando tudo o que Ele nos revela a esse respeito.

Como líderes, é nosso dever criar a cultura para que o comportamento do mover profético e sobrenatural seja consequência de valores e verdades impressas, primeiramente, na vida do líder, depois na vida dos liderados e assim para todo o ministério infantil e organização.

ENSINAR

Quando nos referimos ao ensino é necessário deixar claro que nosso embasamento e parâmetro sempre será a Palavra de Deus. Tudo o que ensinamos é baseado na Bíblia e não no que grandes pregadores dizem ou no que pensamos a respeito de algo. Esse é o primeiro passo para implementar a cultura do mover profético e sobrenatural. Tendo essa consciência podemos então criar estratégias de ensino para viabilizar a implantação dessa cultura.

A cultura é resultado da promoção e arquitetura de estratégias para sua construção. Em outras palavras, cultura não acontece acidentalmente, mas com muita intencionalidade e foco. Como você tem promovido a cultura do mover profético e sobrenatural? Periodicamente e usando estratégias, você tem ensinado sua equipe do ministério infantil a respeito disso? Tem lido e estudado sobre esse assunto na Bíblia? Tem passado essa visão para toda a sua equipe do ministério infantil? Você tem instruído e orientado como se mover no mover profético e sobrenatural e o motivo disso?

INSPIRAR

Todo líder deve inspirar seus liderados com a visão que quer implementar e não apenas ensinar. Essa inspiração, logicamente, precisa partir de você e do seu desejo de buscar mais de Deus e Seu poder sobrenatural. A sua vida de mover profético e sobrenatural precisa exalar inspiração aos seus liderados. Contudo, talvez há muitas pessoas que nem vivem essa realidade ainda, por mais que queiram. Se você é uma delas, lhe pergunto: Quando acontece uma pequena cura que seja, você tem valorizado e celebrado? Tem agradecido por isso e compartilhado o ocorrido com os voluntários do seu ministério? Quando acontecem pequenos milagres, as chamadas "coincidências" de Deus, ou quando alguém recebe um livramento de alguma situação, você tem glorificado ao Senhor e dividido isso com outros? O maior milagre é ter seu espírito regenerado por intermédio do sacrifício de Jesus na cruz. Você tem celebrado e testemunhado sobre isso?

Não podemos desprezar os pequenos começos. Comece pelo básico, pelo que é simples. Com um coração grato, mas ao mesmo tempo faminto e com uma insatisfação santa, pois Deus é infinito, sobrenatural e dadivoso, e sempre tem mais com que nos presentear e para dividir conosco.

Como está a sua paixão por Deus, por Suas obras, pela Sua Palavra e pelo Reino? Quanto mais apaixonado você estiver, mais os seus liderados serão movidos por essa paixão e impelidos a buscar mais d'Ele e de Seu poder sobrenatural. Lembre-se de que você inspira os outros por meio do exemplo. Você tem compartilhado o que Deus tem falado com você — seja por meio das Escrituras, da natureza, das circunstâncias, de sonhos, visões e tantas outras maneiras que o Espírito Santo usa para falar com você — inclusive no seu momento devocional e de intimidade com Ele?

Sua vida devocional e de intimidade com o Pai, o Filho e o Espírito Santo precisam ser motivo de inspiração para o seu ministério, assim como seu estilo de vida, caráter e ações.

> Ninguém despreze a tua mocidade; pelo contrário, torna-te padrão dos fiéis, na palavra, no procedimento, no amor, na fé, na pureza. Até à minha chegada, aplica-te à leitura, à exortação, ao ensino. Não te faças negligente para com o dom que há em ti, o qual te foi concedido mediante profecia, com a imposição das mãos do presbitério. Medita estas coisas e nelas sê diligente, para que o teu progresso a todos seja manifesto. (1Timóteo 4.12-15)

Devemos ser exemplo para os fiéis em tudo, e ser exemplo significa ter seu progresso manifesto a todos. E essa é a receita que recebemos nesse trecho da carta a Timóteo.

INSTIGAR

Após o ensino e a inspiração, é hora de instigar. Quando somos inspiração, de certa maneira, acabamos instigando nossos liderados a terem os mesmos valores e princípios que estamos vivendo. Se a pauta é a cultura do mover profético, é isso o que estamos instigando na vida deles.

Mas também podemos instigá-los promovendo e desafiando-os a darem um passo a mais para fora da zona de conforto, delegando-lhes responsabilidades e investindo-os de a autoridade. Não é mais apenas viver na teoria, mas obedecer àquilo que Deus está falando pelo Espírito Santo. Contudo, para isso, precisamos buscar mais do Espírito Santo. Da mesma maneira, se quisermos ver curas em nosso ministério, por exemplo, precisamos começar a dar passos de fé e orar por isso. Lembrando que todo passo de fé, requer passos de risco. Peça a Deus e seja corajoso em viver essas verdades.

> Pedi, e dar-se-vos-á; buscai e achareis; batei, e abrir-se-vos-á. Pois todo o que pede recebe; o que busca encontra; e, a quem bate, abrir-se-lhe-á. Ou qual dentre vós é o homem que, se porventura o filho lhe pedir pão, lhe dará pedra? Ou, se lhe pedir um peixe, lhe dará uma cobra? Ora, se vós, que sois maus, sabeis dar boas dádivas aos vossos filhos, quanto mais vosso Pai, que está nos céus, dará boas coisas aos que lhe pedirem? (Mateus 7.7)

Será que temos pedido que nossos liderados busquem o mover profético e sobrenatural e os incentivado nessa busca? Precisamos saber orar e pedir, pois o nosso bom Pai que está nos céus nos dará ouvidos aguçados para ouvir a Sua voz e coração sensível a ter sonhos e visões, realizar curas e milagres e receber os dons do Espírito. Mas para isso, precisamos pedir e buscar.

Por outro lado, temos de ser intencionais em tudo que fazemos. Se queremos implementar o mover profético e sobrenatural será que temos instigado nossa equipe a orar por curas em nosso ministério? Nossos liderados estão sendo estimulados a trazer palavras proféticas uns aos outros? A orar por milagres e pela manifestação do sobrenatural? Estamos orando a Deus, pedindo esse tipo de coisas?

INTENCIONALIDADE

Para promover a cultura que queremos não existe outra alternativa senão sermos intencionais em tudo. Intencionais para ensinar, para inspirar e instigar. Porém, é importante ressaltar que da mesma forma como precisamos ser intencionais para construir essa cultura de mover profético e sobrenatural, devemos também ser intencionais para lutar contra toda a cultura que se levanta contra o que estamos estabelecendo.

A cultura tem ligação direta com aquilo que permitimos ou não. Se permitirmos que um valor contra a cultura do sobrenatural entre no ministério, isso desconstruirá o que estamos querendo implementar. Por exemplo, se alguém diz que acha que Deus não pode fazer o impossível acontecer, essa pessoa está trazendo incredulidade ao ministério. Se nos calarmos diante disso, permitiremos que a cultura da incredulidade seja implementada e, automaticamente, que o mover sobrenatural não tenha espaço para se desenvolver. São os valores e a sustância que promoverão ou estragarão a cultura do mover profético e sobrenatural.

Como mencionado nos capítulos anteriores, devemos ser intencionais para apresentar o Deus trino às crianças e proporcionar o encontro pessoal delas com Jesus, por meio do novo nascimento. Em nossas ministrações, devemos levar o evangelho da salvação, que é o ponto de partida para que as crianças tenham o Espírito Santo habitando nelas, pela graça mediante a fé.

A intencionalidade também é necessária para que nossas crianças recebam o batismo no Espírito Santo e desenvolvam um relacionamento com Ele, e não apenas tenham o conhecimento d'Ele e experimentem do Seu poder. Por isso, com certa frequência ensinamos sobre a pessoa do Espírito Santo e ministramos o batismo no Espírito Santo. Além disso, devemos ser intencionais no ensino sobre a importância de buscar os dons do Espírito, de andar no Espírito, de produzir o Seu fruto e ter nosso caráter transformado segundo o caráter de Cristo. Isso sem contar o nosso papel em ensiná-las a ouvir e discernir as vozes e a maneira como Deus fala.

Intencionalidade tem a ver com construção, mas não podemos nos esquecer de que, ao mesmo tempo, temos de derrubar aquilo que impede o mover profético e sobrenatural de progredir em nossa vida e também no ministério infantil.

DERRUBANDO BARREIRAS

Algumas barreiras podem impedir a implementação da cultura do mover profético e sobrenatural ou estancar esse mover quando ele já existe. Se quisermos iniciar ou manter esse mover devemos derrubar essas barreiras.

I. INCREDULIDADE

Assim como a fé é a chave para ativar o sobrenatural, a falta de fé é a chave para impedir e estancar o sobrenatural. Em diversas passagens da Bíblia, notamos que Jesus via a fé dos paralíticos, cegos e doentes e por isso os curava. Um exemplo disso está registrado em Mateus 8.13: "Então, disse Jesus ao centurião: Vai-te, e seja feito conforme a tua fé. E, naquela mesma hora, o servo foi curado".

Mas a falta de fé, ou incredulidade, impedia Jesus de realizar os milagres: "E não fez ali muitos milagres, por causa da incredulidade deles" (Mateus 13.58).

E é por esse motivo que precisamos aumentar e edificar a fé, o que pode ser feito de duas maneiras: 1) leitura da Bíblia: "E, assim, a fé vem pelo ouvir, e o ouvir pela palavra de Cristo." (Romanos 10.17; *Nova Almeida Atualizada*) e 2)a oração no Espírito: "Vós, porém, amados, edificando-vos na vossa fé santíssima, orando no Espírito Santo..." (Judas 1.2).

2. PASSIVIDADE

A Bíblia nos revela que a fé sem obras é morta. Em outras palavras, a passividade, mesmo acompanhada de fé, não leva a nada: "Queres, pois, ficar certo, ó homem insensato, de que a fé sem as obras é inoperante? [...] Porque, assim como o corpo sem espírito é morto, assim também a fé sem obras é morta" (Tiago 2.20). Se temos fé devemos agir por fé. Temos fé para cura? Então devemos orar por cura, impondo as mãos sobre os enfermos e declarando a cura, trazendo-a à existência.

Se quisermos viver o Reino de Deus aqui na Terra, nossa atitude sempre precisa ser positiva, ousada e cheia de intrepidez. Já disse o evangelista Mateus: "Desde os dias de João Batista até agora, o reino dos céus é tomado por esforço, e os que se esforçam se apoderam dele" (11.12). Sim, temos de ter fé, mas precisamos agir por fé também.

3. IGNORÂNCIA A RESPEITO DA BÍBLIA E DO PODER DE DEUS

Quando não temos conhecimento bíblico a respeito de todas as heranças espirituais a que temos direito, não desfrutamos delas; assim como uma pessoa que herda muitos bens, mas desconhece esse fato, nunca pensará em utilizá-los. Todas as riquezas espirituais estão contidas na Bíblia, bem como o segredo para destravá-las. Leia estes dois textos das Escrituras: "Respondeu-lhes Jesus: Errais, não conhecendo as Escrituras nem o poder de Deus." (Mateus 22.29) e "Dar-te-ei as chaves do reino dos céus; o que ligares na terra terá sido ligado nos céus; e o que desligares na terra terá sido desligado nos céus." (Mateus 16.19).

4. FALTA DE DESEJO

Se não quisermos e não tivermos desejo, Jesus não poderá realizar o sobrenatural em nós e por nosso intermédio. Veja o que a Bíblia afirma: "Perguntou-lhe Jesus: Que queres que eu te faça? Respondeu o cego: Mestre, que eu torne a ver" (Marcos 10.51) "Buscar-me-eis e me achareis quando me buscardes de todo o vosso coração" (Jeremias 29.13).

5. MOTIVAÇÃO ERRADA

Tiago nos diz o seguinte: "Pedis e não recebeis, porque pedis mal, para esbanjardes em vossos prazeres."

(Tiago 4.3). Muitas vezes, não recebemos algo porque não pedimos em oração. Outras vezes, porque a motivação visa à satisfação de nosso prazer, ganância e soberba. Por isso, devemos checar a motivação do nosso coração constantemente, ao pedir pelo poder e os dons do Espírito Santo, e por uma vida sobrenatural.

6. FALTA DE VISÃO

Quando não sabemos ou não temos visão a respeito do nosso chamado, não sentiremos necessidade do Espírito Santo nem do mover profético e sobrenatural. Porém, quando entendemos que somos chamados para ser reis e sacerdotes, consequentemente percebemos nossa completa dependência do Espírito Santo para cumprir esse comissionamento, seja em nossa vida pessoal, familiar, profissional ou ministerial.

7. FALTA DE CORAGEM

O sobrenatural, como o próprio nome diz, é algo fora do natural e isso muitas vezes causa medo. Os discípulos de Jesus quando O viram andando sobre as águas tiveram medo. As aparições angelicais também podem causar medo. Tanto que, diversas vezes, quando os anjos apareciam, a primeira coisa que diziam era: "Não tenham medo". O sobrenatural muitas vezes causa medo (veja Lucas 1.12, 13, 29, 30), contudo, vale lembrar que ter coragem, não significa não sentir medo, mas não se deixar parar por ele: "E os discípulos, ao verem-no andando sobre as águas, ficaram aterrados e exclamaram: É um fantasma! E, tomados de medo, gritaram." (Mateus 14.26).

8. ORGULHO E AUTOSSUFICIÊNCIA

Quando Jó teve o seu orgulho retirado, ele viu o mover sobrenatural de Deus em sua vida. Depender de Deus confiar n'Ele nos leva a um degrau a mais no sobrenatural. Um coração humilde tem acesso ao Reino dos céus: "Bem-aventurados os humildes de espírito, porque deles é o reino dos céus" (Mateus 5.3).

9. INGRATIDÃO

Quando valorizamos o que Deus faz em nossa vida cultivamos a gratidão. Isso nos leva à adoração a Deus e quando O adoramos nos tornamos semelhante a Ele, sendo transformados de glória em glória e tornando-nos cada vez mais sobrenaturais, já que Deus é sobrenatural: "E todos nós, com o rosto desvendado, contemplando, como por espelho, a glória do Senhor, somos transformados, de glória em glória, na sua própria imagem, como pelo Senhor, o Espírito." (2Coríntios 3.18).

10. RELIGIOSIDADE

Os escribas e fariseus não tinham acesso ao Reino celestial e ainda impediam outros de acessá-lo. Eles eram pessoas com muito conhecimento da lei, o que os tornou arrogantes. Ambos buscavam reconhecimento público e mérito baseado em suas obras religiosas e não no relacionamento com Deus. A esses Jesus disse: "Ai de vós, escribas e fariseus, hipócritas, porque fechais o reino dos céus diante dos homens; pois vós não entrais, nem deixais entrar os que estão entrando!" (Mateus 23.13).

É nosso dever combater essas barreiras que podem impedir a implantação do mover profético e sobrenatural no ministério infantil, fazendo verificações contínuas em nossa vida e na dos voluntários, pois isso afetará todas as crianças com as quais lidarmos. Assim, o início do mover profético e sobrenatural terá espaço para começar, primeiramente, naqueles que estão cuidando das crianças e discipulando-as.

Jesus declarou: "Deixai os pequeninos, não os embaraceis de vir a mim, porque dos tais é o reino dos céus." (Mateus 19.14). Na verdade, delas é o Reino dos céus. Nosso papel é sermos um canal que leva o Reino de Deus até elas e não um impedimento para elas chegarem a Deus. Devemos proporcionar que elas tenham um encontro pessoal com Deus, sempre direcionadas pelo Espírito Santo. Nada é por violência ou força, mas pelo Espírito Santo, conforme mencionado em Zacarias 4.6.

CAPÍTULO 13
PREVENINDO FRUSTAÇÕES E DANOS

LUCAS HAYASHI

Quando nos referimos ao ministério profético e sobrenatural, infelizmente, não podemos deixar de comentar a respeito dos muitos erros danosos que podem acontecer. Muitas pessoas, inclusive líderes, por negligência, falta de conhecimento ou falta de temor, se utilizam desse ministério e mover de forma errada, abusiva, descontrolada e manipuladora, gerando danos irreversíveis e trazendo consequências que podem machucar, traumatizar e causar grandes bloqueios em relação às profecias, profetas, ministério profético, dons do Espírito, batismo no Espírito Santo; enfim, ao sobrenatural e tudo o mais relacionado a ele. Com isso, muitas pessoas sinceras, que buscam a verdade pura sobre o Espírito Santo e o Seu mover, têm sido prejudicadas e feridas. Inclusive, esse uso irresponsável e incorreto do mover profético e sobrenatural, tem sido o motivo para muitos se afastarem do Espírito Santo e do Seu mover, criando mecanismos para impedir futuros danos como os que viveram no passado. Para esses, ir contra tudo isso, então, se torna a única solução para evitar mais traumas e estragos. Por esse motivo é extremamente importante iniciar o mover profético e sobrenatural da forma certa e com a motivação certa em nosso coração, buscando sempre as verdades pela Palavra de Deus e sendo guiado pelo próprio Espírito Santo.

ENSINO FUNDAMENTAL, ENSINO MÉDIO E SUPERIOR

Imagine um aluno que está no ensino fundamental ou médio e que deseja ser médico. Até ingressar na universidade, ele passará por vários processos que levarão tempo, afinal ele não entrará na faculdade e se tornará médico do dia para a noite. Esse processo, que tem início no ensino infantil, evolui para o ensino fundamental, progride para o ensino médio e depois para o superior. Depois de muito tempo e dedicação, ele entra no programa de residência médica e se forma especialista em alguma área.

Pense no que aconteceria se lhe dessem um bisturi e o colocassem em uma sala de cirurgia, para operar alguém, assim que tivesse entrado no ensino médio. Imagine se ele tivesse essa autonomia e autoridade para realizar tal procedimento sem sequer ter iniciado seus estudos na universidade. O que você acha que aconteceria com o paciente? Com certeza ele sairia da cirurgia muito machucado ou, muito provavelmente, nem sobreviveria. Isso causaria revolta nos familiares do paciente e terminaria com um processo judicial movido contra o garoto e o hospital. A reputação do hospital estaria na lama e, provavelmente, a instituição entraria em grande crise, não é verdade?

É exatamente isso que acontece com o mover profético dentro de muitas igrejas em que, sem estabelecer a fundamentação e os requisitos necessários, começam a chamar de médico quem ainda está no ensino infantil, fundamental ou médio. Não bastasse nomeá-lo, também distribuem bisturis, seringas e outros instrumentos que, muitas vezes, o aluno nem sabe para que servem. E o que acaba acontecendo? Uma série de danos, lesões extensas, feridas e machucados profundos, associados à revolta da pessoa, dos familiares e de seus amigos próximos que presenciaram o sofrimento daquele indivíduo.

Desse modo, é extremamente importante começar pelo básico: novo nascimento, arrependimento, transformação do caráter, crescimento e amadurecimento espiritual, e por aí vai. Começamos dando leite aos que necessitam dele, depois desmamamos e introduzimos a comida sólida. Evidentemente, Deus pode acelerar o tempo, mas nós não devemos colocar a carroça na frente dos bois. Em seguida, vem o batismo no Espírito Santo como já mencionado, e um relacionamento diário com a Pessoa e não somente com o poder do Espírito Santo. Um andar no Espírito formará o caráter de Cristo indicado pelo fruto do Espírito. Temos de dar tempo ao tempo de Deus e, assim, gradativamente vamos nos aperfeiçoando no amor de Cristo, que é a base de tudo.

MENTOR, MESTRE E PROFESSOR

Uma coisa em comum entre o ensino infantil, fundamental médio, superior e até na residência médica é que sempre haverá um mentor, mestre ou professor. Essa pessoa é fundamental para o crescimento, desenvolvimento e aperfeiçoamento do intelecto, conhecimento e experiências de vida do estudante.

Da mesma maneira, para aprendermos e nos desenvolvermos no profético, primeiro precisamos aprender as coisas fundamentais, sem as quais não poderemos avançar. Sempre precisaremos de um mentor para nos ensinar e corrigir. Vale lembrar que um professor é sempre uma pessoa bem experiente no assunto, que tem uma caminhada que lhe possibilita mentorear alguém na área em que é experimentado. Sua caminhada lhe dará autorização para ensinar com propriedade e direcionar cada aluno com efetividade.

Pessoas que não tem mentor ou um professor experiente no assunto jamais aprenderão e se desenvolverão, podendo causar muita confusão e estrago dentro e fora da igreja. Dizem que aprendemos com os nossos erros, mas isso não é verdade. Nós aprendemos com a correção de nossos erros. Agora, para sermos corrigidos, precisamos de professores que apontarão nossas falhas e nos ensinarão a não errar mais. Se não tivermos pessoas mais experientes que nós nos acompanhando, não saberemos no que estamos errando e onde precisamos melhorar.

Eliseu se tornou profeta porque tinha um mentor, Elias; cada um se desenvolveu com um mentor. Quem é o seu professor e mentor?

RESIDÊNCIA MÉDICA

Para que um aluno de medicina chegue ao programa de residência médica, ele deve passar por diversos processos até estar apto a ingressar nessa nova fase.

Mas o que é um programa de residência médica? Residência médica é uma modalidade de ensino de pós-graduação destinada a médicos, sob forma de curso de especialização. Funciona em instituições de saúde como hospitais-escola, nas quais os alunos realizam suas atividades sob orientação de médicos experientes e especialistas na área.

Essa atuação dos alunos em hospitais-escola significa que eles aprenderão na prática. Todos sabem que ali existem alunos e que eles precisam praticar para se tornarem bons médicos. Isso quer dizer que desde a primeira cirurgia tudo sairá perfeito? Não, e é por isso que eles sempre serão acompanhados por seus

superiores, ou seja, alguém mais experiente. O hospital-
-escola é um lugar seguro para erros. Erros podem
acontecer, mas os supervisores impedirão que esses erros
sejam letais e definitivos, já que estarão acompanhando
de perto, corrigindo, dando orientações e, quando
necessário, intervindo.

Será que nossas igrejas possuem um programa de
"residência" que é um ambiente de aprendizado seguro
para erros, mas ao mesmo tempo é acompanhado por
supervisores que impedirão danos letais?

Imagine se decidissem fechar todos os programas
de residência médica por causa dos erros nele cometidos.
Seria muita ignorância, pois isso impediria a formação
de bons profissionais, o que poderia acarretar na
falência da saúde pública. Mas, muitas vezes, esse é o
pensamento e a atitude de muitos em relação ao mover
profético e sobrenatural.

Jesus teve de corrigir seus discípulos muitas vezes.
Em Mateus 16.23, por exemplo, Pedro foi repreendido
de forma extremamente contundente por Jesus: "Mas
Jesus, voltando-se, disse a Pedro: 'Saia da minha frente,
Satanás! Você é para mim uma pedra de tropeço, porque
não leva em consideração as coisas de Deus, e sim as dos
homens." (*NAA*). Jesus precisou corrigir o pensamento e
a motivação do coração de Pedro. É interessante porque
poucos versículos antes, ele havia sido elogiado por Jesus:

Mas vós, continuou ele, quem dizeis que eu sou? Respondendo Simão Pedro, disse: Tu és o Cristo, o Filho do Deus vivo. Então, Jesus lhe afirmou: Bem-aventurado és, Simão Barjonas, porque não foi carne e sangue que to revelaram, mas meu Pai, que está nos céus. Também eu te digo que tu és Pedro, e sobre esta pedra edificarei a minha igreja, e as portas do inferno não prevalecerão contra ela. Dar-te-ei as chaves do reino dos céus; o que ligares na terra terá sido ligado nos céus; e o que desligares na terra terá sido desligado nos céus. (Mateus 16.15-20)

Em Lucas 22, Pedro novamente faz algo errado, mas seu mestre intervém e conserta a situação:

Os que estavam ao redor dele, vendo o que ia suceder, perguntaram: Senhor, feriremos à espada? Um deles feriu o servo do sumo sacerdote e cortou-lhe a orelha direita. Mas Jesus acudiu, dizendo: Deixai, basta. E, tocando-lhe a orelha, o curou. (Lucas 22.49-51)

Os discípulos erravam muito, mas Jesus sempre os corrigia, chegando até a interferir em algumas situações, ensinando-os por meio da correção de seus erros. Imagine se Ele tivesse desistido deles quando cometeram o primeiro erro? Não existiria apóstolo para dar continuidade ao Seu ministério e revolucionar o mundo: "Estes que têm transtornado o mundo chegaram também aqui..." (Atos 17.6b).

Como Igreja, devemos preparar a categoria de base para o mover profético, criando programas de aprendizado em lugares seguros e, claro, onde os iniciantes sejam sempre monitorados por pessoas experientes e capacitadas no assunto; pessoas que, acima de tudo, amam a Deus de todo o coração. Assim, formaremos bons cristãos no mover profético e sobrenatural, que trarão cura, saúde espiritual e edificação ao Corpo de Cristo!

O PACIENTE

Voltemos ao exemplo inicial do aluno do ensino médio com um bisturi e liberdade para fazer a cirurgia. É evidente que tanto ele como as pessoas que o autorizaram a realizar aquela cirurgia seriam irresponsáveis e estariam totalmente erradas. Mas há também o ponto de vista do paciente e seus familiares. Se você fosse aquele paciente, antes de realizar a cirurgia, provavelmente, gostaria de conhecer o cirurgião, saber suas referências, onde se formou, sua especialidade e tudo o mais que pudesse. Seria ignorante, tolo e imprudente por parte do paciente e de seus familiares, permitirem que aquele aluno, com somente o ensino médio, realizasse a cirurgia, não é mesmo?

Muitas tragédias com a profecia e o mover profético acontecem da mesma forma. Muitos, sem conhecerem "o profeta" ou a pessoa que ministra, permitem e aceitam qualquer tipo de profecia e ministração em sua vida, seguindo à risca aquilo que ouviram e receberam, sem verificar se condiz com a Bíblia ou se há credibilidade. Desse modo, por terem sofrido algum dano por parte dessas pessoas não habilitadas e incapacitadas, nunca mais querem ouvir falar em profecias, profetas, Espírito Santo e tudo que concerne ao mover sobrenatural. Assim, infelizmente, acabam por não experimentar o toque sobrenatural de Deus e suas consequências. João disse: "Amados, não deis crédito a qualquer espírito; antes, provai os espíritos se procedem de Deus, porque muitos falsos profetas têm saído pelo mundo fora. (1João 4.1).

Como líderes devemos alertar a todos da igreja a terem sabedoria de Deus, discernimento de espíritos e a não darem crédito a qualquer pessoa. Devemos incentivar também a fome e o zelo pela Palavra do Senhor no coração dos cristãos, verificando se tudo está de acordo com Seus princípios, valores e verdades. Assim como aconteceu entre os bereanos que, ao receber a ministração da Palavra, consultavam as Escrituras para confirmar se o que ouviram estava de acordo com o que nelas estava registrado: "Ora, estes de Bereia eram mais nobres que os de Tessalônica; pois receberam a palavra com toda a avidez, examinando as Escrituras todos os dias para ver se as coisas eram, de fato, assim" (Atos 17.11).

Agindo como os bereanos, evitaremos danos e frustrações, abrindo espaço para que sejamos edificados, exortados, encorajados e direcionados por Deus, por intermédio de pessoas inspiradas pelo Espírito Santo, dentro de uma cultura que preza pelo mover profético e sobrenatural saudável, e que contribuirão para nos direcionar aos propósitos divinos e nos ajudar a cumprir com plenitude os planos de Deus aqui na Terra.

CONSIDERAÇÕES FINAIS

O mover profético e sobrenatural deve ser implementado na vida de cada verdadeiro cristão e discípulo de Jesus. Se esse processo for iniciado ainda na infância, de forma correta e intencional, e biblicamente embasado, as crianças terão encontros e experiências tão reais e profundas com Deus Pai, Deus Filho e Deus Espírito Santo que as marcarão para sempre. Assim, mesmo quando passarem pela adolescência e juventude não serão levadas pelos vislumbres deste século nem ficarão encantadas com as ofertas feitas por este mundo sem Deus, na tentativa de influenciá-las negativamente. Ao contrário, esses adolescentes, jovens e adultos influenciarão a sociedade por intermédio de uma vida íntegra e exemplar, por meio de atitudes que revelam o caráter de Jesus e também pelo poder sobrenatural que fluirá delas pela operação dos dons do Espírito e da glória de Deus, que nada mais é do que a presença manifesta d'Ele, agindo de forma sobrenatural.

Não precisaremos esperar as crianças chegarem à fase adulta para colher os resultados do mover profético e sobrenatural. Ainda bem pequenas, elas podem influenciar a cultura ao seu redor, promovendo a transformação do meio onde estão inseridas, seja ele familiar, escolar, social, educacional etc. E é nítido como isso já está acontecendo em nosso meio. É muito bonito e gratificante ver o resultado desse mover na vida de nossas crianças e ouvir histórias de como ele vem agindo de forma sobrenatural.

Contudo, para que esse mover continue ocorrendo de forma efetiva, devemos ter consciência da necessidade que temos de continuar estabelecendo os fundamentos para a construção dessa cultura. Muitas vezes, temos de desconstruir conceitos errados e pré-conceitos relacionados a esse mover, para que, então, sejam construídas bases sólidas que o sustentarão. Neste caso, leva-se muito mais tempo do que começar diretamente pela implementação do mover profético e sobrenatural. Uma construção requer planejamento, perseverança, paciência, investimento e muita intencionalidade. Isso nunca vai acontecer acidentalmente ou por acaso.

Para muitos, o mover profético e sobrenatural é como um sonho. Sonhar é de graça, porém, fazer o sonho acontecer custa muito; mas todo esforço e investimento valem a pena. Não tem preço viver os sonhos de Deus em nossa vida e de nossas crianças.

Que o Espírito Santo de Deus lhe dê sabedoria, estratégias, discernimento e, acima de tudo a Sua capacitação sobrenatural para que o mover profético e sobrenatural seja implementado de forma bíblica e sustentável. E, como sempre mencionamos, inclusive neste livro: "Não por força nem por violência, mas pelo meu Espírito, diz o SENHOR dos Exércitos" (Zacarias 4.6; *ARC*).

Confie no Senhor! E deixe que Ele o transforme em um instrumento cada vez mais útil em Suas mãos!